박경임 수필집

독기를 빼며

순수수필 94

독기를 빼며

박경임 지음

2024. 3. 10 초판
2024. 3. 19 발행

발행처 · 순수문학사
등 록 제2-1572호

서울 중구 퇴계로48길 11 협성BD 202호
TEL (02) 2277-6637~8
FAX (02) 2279-7995
E-mail ; seonsookr@hanmail.net

· 저자와의 합의하에 인지를 생략함
· 잘못된 책은 바꾸어 드립니다

ISBN 979-11-91153-61-3

이 책은 저작권법에 따라 보호받는 저작물이므로 무단전재와 무단복제를 금합니다
※예술인복지재단 창작준비금 지원 작품

가격 15,000원

박경임 수필집

독기를 빼며

순수

◆추천사

숙성된 작가의 사유가 빚어낸
아름다운 이야기들

김호운
소설가 · 수필가
한국문인협회 이사장

'문학은 우리에게 무엇을 주는가?' 라는 주제로 일반 독자들을 대상으로 몇 차례 특강을 한 적 있다. 문학의 기능과 효용성에 대해서 좀 쉽게 친근하게 이해하도록 하는 내용이었으나, 한편으로 보면 문학 작품을 창작하는 우리 문인들도 알아야 할 내용이다. 작품을 창작하는 문인들은 당연히 문학이 무엇인지 그 효용성이 무엇인지 잘 안다. 물론 인문학으로 보는 그러한 의미는 잘 알고 있다. 이것 말고 문인들이 작품을 쓸 때 꼭 잊지 말아야 할 내용이 한 가지 있다. 문인은 작품을 쓸 때 독자가 읽을 거라는 사실을 잊지 말아야 하는 것이다. 이 강의의 핵심이 '문학은 독자를 위해 존재한다' 이다. 그러하므로 문학 작품을 많은 사람이 읽도록 해야 하는 게 중요하다. 창작한 작품을 작가 자신이 읽을 거라 여기고 쓰면 그 작품은 독자가 외면한다. 창작한 작품의 주인은 문인이 아니라 독자다. 장편소설 『인생』을 쓴 중국 작가 위화(余華)는 "한 편의 작품을 백 명의 독자가 읽으면 백 권의 작품이 되고, 천 명이 읽으면 천 개의 작품이 된다."라고 말한다. 이 말의 의미 역시 문학 작품은 독자의 손에서 재생산되어 새로이 완성된다는 말과 같다.

 수필은 작가 자신이 직접 체험한 이야기를 무형식의 글쓰기로 완성하는 문학 장르다. 자칫 잘못하면 그냥 그런 신변잡기가 되는 위험 부담을 가진 장르이기도 하다. 수필이 문학이 되기 위해서는 붓 가는 대로 쓰되, 여기에 작가의 사유를 거쳐나온 문학 장치가 가미되어야 한다.
 이번에 펴내는 박경임 수필가의 수필집 『독기를 빼며』에 실린 작품들을 읽고 제일 먼저 느낀 감동은 '문학은 우리에게 무엇을 주는가?'라고 요구하는 독자들에게 제대로 된 해답을 준다는 데 대한 기쁨이었다. 대부분 수필가의 작품이 그러하지만, 박경임 수필가 역시 생활에서 겪은 소소한 일상의 체험을 매우 심도 있게 사유의 필터를 거쳐 문학 작품으로 완성하고 있다. 작가의 시선과 독자의 시선이 균형을 이루며 잘 배치되었다는 의미다.
 이 수필집에 실린 작품 가운데 「626호 이야기」 「또 다른 나를 찾아」 「사랑의 대가」 「아련한 그리움」 「연애 한 번 어때요」는 한 호흡에 시간 가는 줄 모르고 몰입하며 읽었다. 그만큼 이 작품이 주는 여운과 감동이 읽는 사람의 감정을 강탈(?)한다는 의미다. 물론 이 외 작품들에서도 이 같은 즐거움을 얻게 되지만 특히 이들 작품은 한 번 읽고 다시 또 읽어야 할 만큼 강렬한 즐거움을 독자에게 주고 있다. 모름지기 문학 작품은 문학성도 훌륭해야 하지만 무엇보다 독자의 시선을 훔치는 즐거움(감동)이 따라야 한다. 보석 같은 작품이라 하더라도 독자가 읽지 않으면 보석이 되는 기회를 놓친다. 따라서 문학 작품은 독자의 손에 들려 읽도록 하는 일이 무엇보다 중요하다.

「626호 이야기」는 병실에서 일어나는 환자와 간병하는 가족, 환우끼리 나누는 대화 속에서 삶의 진솔한 의미를 발견한다. 몸이 아프면 정신마저 가장 취약해진다. 더구나 노년에 병이 들면 더욱 그렇다. 병상에서 서로를 연민의 시선으로 바라보는 한 노부부에게서 작가는 '이제 머지않은 어느 순간에 갈라지게 될 서로의 행로에 대해 걱정하며 상대를 더 절실히 끌어안고 있는 것이다.'라고 묘사하고 있다. 평생을 일심동체라며 애면글면 살아온 부부라도 어느 순간에는 이별한다. 이 한 문장에서 삶이란 무엇인가라는 곬 깊은 고민을 끌어내고 있다.

「또 다른 나를 찾아」에서는 소설가 최인호의 작품 「낯익은 타인의 도시」를 오브제로 가져와 주제의 이해를 돕는다. 이 이야기에서 우리는 함께 살면서도 타인일 수밖에 없는 태생적 고독을 발견한다. 카뮈의 「이방인」을 읽는 느낌이다. 작가는 이 작품에서 만족을 덜어내는 지혜를 통해서 '나'를 확인하려 한다. 여운이 오래 가는 작품이다.

「사랑의 대가」는 읽는 사람의 가슴을 아리게 만든다. 재혼한 친구의 지난한 삶에서 '사랑이 무엇인가'라는 의미를 전한다. 이혼하고 오래 혼자 살다가 사랑이 그리워서 힘들게 새 사랑을 만나 행복하게 살던 친구에게 불행이 닥친다. 친구의 남편이 자기 몸을 건사하지 못할 정도로 많이 아프다. 사랑하려고 만났으나 결국 낯선 남자를 간병하는 처지가 된 그 친구를 통해 사랑은 과연 어떤 모습으로 존재하는지 그 실체를 자신의 사랑에서 찾아보게 한다.

「아련한 그리움」은 작가 자신에 대한 솔직한 고백록이다. 가감 없이 표현하는 내면 세계를 진솔한 감동으로 전해준다. 「연애 한 번 어때요」는 이재용 감독의 영화 「죽여주는 여자」를 텍스트 인용하며 주제를 끌고 간다. 오래전에 본 이 영화 속 주인공 소영 역을 맡은 배우 윤여정의 소름 끼치는 연기가 새삼 떠오르게 한다. 종로에서 노인을 상대로 몸을 파는 '박카스 아줌마' 이야기다. 서로 필요한 것을 주고받는 '일회용 욕정'을 사람들은 혐오하며 손가락질하지만, 작가는 이를 전혀 추해 보이지 않는 이야기로 환치시킨다. 이러한 삶도 나름 아름다운 인생일 수가 있다. 타인의 삶을 자신의 잣대로 보지 않는 이 시선이 처연하면서도 아름답다. '온몸이 젖은 솜처럼 무겁게 느껴지고 머릿속이 해결되지 않은 문제들로 가득해서 실타래 엉키듯 복잡할 때 나는 관계를 원한다.' 아무리 진솔하다지만 이런 표현은 끌어내기도 어렵지만 옮기는 일도 쉽지 않다. 마치 묵은지처럼 푹 숙성된 작가의 사유에서 오는 감정이기에 아름답다는 찬사를 보낸다.

　오랜만에 깔끔한 감동을 주는 작품들을 읽었다. 좋은 독자들을 많이 만나 박경임 수필가의 문향이 깊게 넓게 더 멀리 퍼지기를 기원한다.

◆ 작가의 말

　독기를 품지 않으면 살 수 없었다.
　밖으로 내뿜으면 저열해 질까 봐 그것은 안으로 숨겨 암염이 되었다. 다가오는 사람들에게 나를 드러내지 않으려고 스스로 벽을 치고 살았다.
　몸에 있는 모든 물기는 말라버려 완경이 되기도 전에 멈추어버린 생리.
　눈물이라는 단어는 사치였다.
　메말라가는 몸을 붙들고 아이들과 살 수 있는 방법은 글을 쓰는 것이었다.
　누구에게도 털어놓을 수 없던 암담한 현실. 밥벌이의 치열함을 견디며 어린아이들에게 쏟아내지 못하는 서글픔을 블로그에 써 내려가며 내 삶을 지킬 수 있었다.
　그렇게 아침이면 아무렇지 않은 것처럼 복화술사의 얼굴로 하루를 시작하곤 했다.
　이제 수필집 〈독기를 **빼며**〉로 나는 발가벗고 세상에 나섰다.
　그러나 부끄럽지 않다. 열심히 살았으니까. 그리고 회피하지 않고 부딪혀 살아냈으므로.
　어느 날 몇 년 만에 멈추었던 생리가 돌아오고, 눈물이 흐르기 시작했을 때 펑펑 눈물 쏟으며 스스로에게 속삭였다. '잘했어, 잘 견디어서 대견해'.
　글 쓰는 방법을 배우려고 서울디지털대학 문예창작과에 진학했고 거기에서 혼자만의 글쓰기에서 탈피해 많은 것을 배울 수 있었다. 그리고 좋은 문우들도 만날 수 있어서 행복했다.

글을 쓰면서 내가 치유의 과정을 경험했듯이 이 글을 읽는 사람들이 마음에 가둔 상처를 조금이나마 치유할 수 있기를 기대해 본다.

처음 수필집을 내며 당치도 않은 희망을 가지는 것이겠지만 우리는 모두 다른 사람들의 삶에 일종의 관음증이 있으며 타인의 삶에서 위로를 느끼게 될 수도 있기 때문이다.

수필집 내에 있는 〈독기를 빼며〉에 기록했듯이 치열한 삶의 순간순간마다 내게 마지막 힘이 되어준 내 아들 우진, 딸 윤희에게 잘 자라주어서 고맙다고 말하고 싶다. 우리 아이들에게 좋은 배우자가 되어준 며느리, 사위에게도 고마움을 전하고 싶다.

그저 사는 데 급급해 사랑을 표현하지 못하고 혹시나 삐뚤어질까 봐 엄한 엄마로 살아서 미안하기도 하다. 삶의 걸림돌이 디딤돌이 되어준다는 말을 다시금 새기며 이제부터 독기를 빼며 살아가려 한다. 그동안 사랑의 시선으로 나를 보아 준 모든 이들에게 무한한 감사를 보낸다.

추천사를 주신 김호운 한국문인협회 이사장님, 수필의 길을 열어 준 임헌영 교수님과 박상률 교수님, 제 글을 예쁘게 엮어 준 순수문학에 감사드린다.

2024.03

| 목차 |

◆ 추천사/김호운(한국문협 이사장) • 10
◆ 작가의 말 • 14

1부 경부고속도로

경부고속도로 • 25
연애 한 번 어때요 • 30
독백 • 35
또 다른 나를 찾아 • 38
빛나는 브런치 • 42
외등 • 46
열한 번째 엄마 • 49
송골매의 비상 • 53
생선튀김 하나 먹을까요 • 57
살아있음에 • 61
사랑의 대가 • 66

2부 기다림

기다림 • 73

굳은살 • 76

내 보호자는 나 • 79

돈 버는 이유 • 83

두 사람 • 87

본능이라니 • 90

부자 행세 • 94

흥망성쇠 • 97

아에이오우 • 99

야무 • 103

일하기 싫다고 • 107

3부 독기를 빼며

독기를 빼며 • 113
내 다리 돌려줘 • 117
병원 유배 • 122
봄날의 외출 • 126
다리를 다쳤다 • 130
낀 세대 • 133
분홍빛 코트 • 138
터널 속의 어느 날 • 143
출근하지 않았다 • 148
사라진 왕자 • 152
애썼다 • 155

4부 여행의 기억

여행의 기억 · 163
나를 위해 살라고 · 170
다시 가 보고 싶다 · 173
대마도 기행 · 178
물처럼 바람처럼 · 183
미얀마의 파고다 · 187
섬 · 192
인생 내비게이션 · 196
핀란드 증후군 · 201
화가 차 있네요 · 205
626호 이야기 · 209

5부 신호대기중

신호대기중 • 217
수도꼭지에서 놀고 • 220
식목일의 기억 • 223
아련한 그리움 • 225
영웅이 된 패잔병 • 228
이상한 모녀 • 232
제자리 • 236
죽은 놈 없지 • 239
질주 • 243
카톡도 좋지만 • 248
결혼식 축사 • 252

1부
경부고속도로

경부고속도로

 경부고속도로 50주년을 기념한다는 티브이 안내를 보다가 아득한 옛날이 생각났다.
 1975년이니 경부고속도로 개통 5년째가 되는 해였다. 나는 인문계 여고를 나와, 주산, 부기를 못 하니 작은 회사의 경리 자리도 찾기 힘들었다. 고등학교 졸업 후 1년 동안 하릴없이 청춘의 고뇌를 곱씹으며, 나를 대학에 보내주지 못한 부모만 원망하면서 막걸리 집에서 못 먹는 술을 퍼먹기도 했다. 아버지는 공무원시험이라도 보라고 달래기도 했는데 그 시절 공무원은 별 인기 있는 직업도 아니었고 상명하복의 낡은 분위기가 싫었다.
 그러다가 엄마의 권유로 고속버스 승무원 시험을 보게 되었다. 그 당시 고속버스 승무원은 높은 연봉과 소녀들에게 인기 있는 직종이어서 기수별로 30명 정도 선발하는데 1000여 명에 달하는 소녀들이 모여들었다. 필기시험과 스피치, 워킹 등 거의 미스코리아 뽑는 것 같은 과정을 거쳐 30명이 동기생으로 만났다. 새로운 세계로 나아간다는 기대로 가슴이 콩닥거렸다. 승무원들은 휴무일에 빈 자리에 무임승차가 가능해서 여행을 좋아하는 나는 회사 노선이 있는 전국 어디든 공짜 여행을 할 수 있다는 것이 아주 마음에 들었다. 하지만 선발에서 끝나는 것이 아니라 3개월의 호된 교육이 시작되었다. 달리는 차 안에서 물 쟁반을 들고 걸어야

해서 중심 잡고 걷기, 마이크 사용과 오디오 작동법, 안내방송 외우기, 화장법, 고객 응대 훈련, 사고 시 대처 방법 등 항공 회사 교육팀이 진행하는 교육은 스튜어디스 교육과 거의 같아서 고되고 힘들었다. 특히 인터체인지 안내방송을 외우는 것이 제일 힘들었던 것 같다. 30명의 동기생이 교육을 시작했는데 졸업할 때는 20명이 채 안 남았다.

  처음 승무를 하던 날, 선배 승무원이 안내하는 차에 같이 타서 선배가 하는 것을 보고, 잠깐씩 마이크를 넘겨받아 안내방송을 해보는데 어찌나 목소리가 떨리던지, 내가 하는 말이 무슨 말인지도 모르겠고 얼굴이 붉어지는데 손님들은 손뼉까지 쳐가며 햇병아리 승무원에게 용기를 주었다. 다음 기수가 뽑힐 때까지 제일 짧은 노선부터 시작해서 점차 긴 노선으로 승무 배정이 올라갔다. 처음엔 평택노선부터 시작했는데 하루에 다섯 번을 왕복하면 편도 10편이었다. 잠깐 쉬는 시간에 손님에게 줄 물을 채우고 컵을 씻고 정신없이 차에 타서 출발 안내방송을 하면 여기가 평택인지 서울인지 정신없이 헤매기도 했다, 집안 형편으로 대학을 포기하고 친구들도 만나기 싫을 만큼 자신이 없었는데, 사람들이 나를 한 번 더 보려고 하고 시내 도로에서 신호등에 걸려 있으면 손을 흔들며 좋아해 주는 모습에서 자신감을 얻었고, 45인승 버스 안에서는 내가 최고인 시간을 보내면서 새로운 나로 태어날 수 있었다. 좁은 단칸방의 집을 떠나 잘 꾸며진 숙소에서 또래의 아이들과 지내는 것은 재미있었지만 기수별 대접은 거의 군대 계급 수준이었다. 숙소에서 선배들의 가방을 건너가는 것조차 어려운 분위기여서 행여 목욕탕에서 부딪치는 일이 없기를 바라기도 했다.

 박정희 대통령이 독일에서 눈물 흘려가며 얻어 온 차관으로 만들었다는 경부고속도로. 그 428KM가 우리 국민에게 생명의 젖줄이 되어 주었듯이 나에게도 경부고속도로는 새로운 삶을 살게 해 준 고마운 길이다. 승무하는 동안엔 근사한 제복에 흰 장갑 낀 손을 흔들며 만나는 모든 것들은 오롯이 내 것이 되는 시간이었다. 석양이 물드는 저녁 하늘을 보며 손님들에게 정해진 인터체인지 안내방송이 아니라 시적인 감성으로 내 나름의 설명을 들려주기도 했는데, 자주 고속버스를 이용하는 고객 중에는 일부러 내 승무 시간을 찾아 탑승하는 사람도 있었다. 승무원실에 개별 팬레터도 쌓이던 나름 인기인이기도 했다. 대전 아래로 가면 그 시절 고속도로는 아주 한산해서 가끔 만나게 되는 같은 회사의 차를 보면 헤드라이트를 켜서 반가움을 표시하기도 했으니 요즘처럼 복잡한 도로에서는 상상도 하기 힘든 일일 것이다. 고속도로 휴게소에 가면 승무원들은 무상으로 먹을 수 있었는데, 천안의 호두과자. 금강유원지의 가락국수가 기억에 남는다. 휴게소에 다녀오면 손님들이 수북이 내 자리에 쌓아 놓은 간식들을 챙기는 것도 기분 좋은 일이었다. 서울에서 출발하는 마산행 일요일 막차는 거의 절반이 해군 장병들이었다. 1박 2일의 외박을 마치고 돌아가는 길이기도 하고 군인들이 여럿이 모이다 보니 객기도 발동해서 그들은 서로 교대로 한 사람씩 나를 불러 세우며, 물 주세요. 사탕 주세요, 에어컨이 안 나오네요, 음악이 잘 안 들려요, 뭐 이런저런 주문을 하며 마산까지 여섯 시간을 괴롭히기도 했지만 같은 또래의 청춘들만이 통하는 웃음으로 긴 시간 즐겁게 갈 수 있었다. 특히나 마산터미널에서 숙소까지 걷는 길은 양 옆으로 벚꽃나무 가로수가 너무 아름답고 고즈넉해서 내가 영화 속 한 장면 속에 있는 것 같아 일부러 천천히 걸어 들어가곤 했다.

 그즈음의 고속버스는 거의 일본산 중고차여서 창틈이 벌어져 있는 차들이 많아 여름엔 에어컨이 시원찮고 겨울엔 실바람이 스며 고객들의 원성이 잦기도 하고, 펑크도 잘 나서 짧은 미니스커트를 입고 삼각대 앞에서 깃발을 흔들며 고속도로에 서 있기도 했다. 겨울에 유리가 얼지 않도록 부동액으로 유리창을 닦는 일이 제일 싫었다. 귀퉁이가 잘 안 닦여서 그 틈으로 서서히 유리가 얼어오면 기사의 눈초리가 사나워지기도 했다. 그래도 자동차 맨 앞자리에 앉아 너른 도로를 달리는 쾌감에 모든 시름을 잊을 수 있었다.
 어두운 밤 고속도로에 눈이 내리면 기사는 어렵고 힘들었겠지만, 나는 아다모의 〈눈이 내리네〉를 틀어놓고 헤드라이트 불빛에 따라 춤추는 하얀 눈발을 바라보며 한없는 상상 속으로 날아가곤 했다. 20개월 정도의 짧은 승무 생활을 마치고 결혼해서도 다닐 수 있는 공무원시험을 보기 위해 퇴직했는데 생애 첫 직장이던 고속버스 승무원 시절은 내게 특별한 시간이었다. 공무원이 되어 받은 첫 월급이 승무원 월급의 절반도 안 되어서 실소했던 생각도 난다.

 50년 동안 경부고속도로는 너무 복잡해졌지만, 내 마음 속에는 까만 밤 속에 고요하던 부산행 막차의 기억으로 남아 있다. 낮게 음악을 틀고 잠든 승객들을 한바퀴 돌아보고 내

자리에 앉으면 무사히 하루가 마무리됨에 감사하면서 어두운 청춘의 터널을 빠져나온 나를 대견해 했다. 경부고속도로가 더 넓어지고 화려해진 것처럼 내 삶도 더욱더 단단하고 화려해 지리라 기대하며 다음 주에는 고속도로를 달려봐야겠다.

연애 한 번 어때요

오스카상을 받은 노년의 여배우 윤여정에게 쏟아지는 찬사를 바라보며, 그녀의 평탄치 않은 삶에 대해 생각했다. 오스카상의 메달을 들고 그녀는 두 아들이 일하러 나가라 해서 이렇게 성공했노라고 농담처럼 말했지만, 그녀는 그 두 아들의 생계를 책임져야 했던 싱글맘이었다.

국내 기자들과의 인터뷰에서 생계를 위해 선택했던 배우라는 직업에 이제는 만족하고 있다고 했다. 그녀는 예쁘지도 않은 자신을 여배우로 성공할 수 있게 해 준 이재용 감독에게 감사한다며 〈죽여주는 여자〉에 대해 언급했다. 〈죽여주는 여자〉라는 제목이 주는 끌림에 영화를 찾아보게 되었다.

영화는 노인의 성과 죽음, 장애인, 성 소수자, 사생아 등의 여러 가지 문제를 다루고 있었는데, 노인의 성과 죽음에 관한 얘기들이 더 깊게 다가왔다. 죽여준다는 표현은 주로 남자들이 관능적인 여자에게 보내는 부러움이기도 하고 야유이기도 하다. 극 중에서 윤여정(소영)의 역할은 종로3가와 파고다 공원 일대에서 노인을 상대로 몸을 파는 일명 박카스 아줌마였다.

소영은 파고다 공원에서 일하는 많은 여자 중에 정말 죽여준다는 소문으로 단연 인기가 있어서 같은 일을 하는 여자들로부터 왕따가 된다. 그녀와 같이 있으면 자신들이 선택이 안 되어 그녀에게 멀리 가라며 싸움이 벌어지기도 해서 그녀는 혼자 다른 지역을 헤매기도 한다.

　죽여준다는 또 다른 표현이 나타난 것은 어느 날 단골을 만난 후에 일어난 일이다. 그에게서 가끔 자신을 찾던 한 노인이 뇌출혈로 쓰러져 병원에 있다는 소식을 듣게 된다. 그가 항상 지갑에 현찰을 많이 가지고 다니면서 소영에게도 후하게 대접해주던 고마움에 병문안이라도 해야겠다며 병원을 찾게 된다.

　병문안 간 소영에게 노인은 "사는 게 창피해, 죽고 싶어. 나 좀 도와줘." 하며 눈물을 흘린다. 그녀는 평소 깔끔하고 멋지던 그가 누워서 대소변을 해결하고 간병인이 없으면 아무것도 할 수 없는 모습에 그를 도와주기로 하고 농약을 사서 그의 입에 들어붓는다. 이렇게 시작한 죽음 조력자로서 그녀는 치매가 점점 심해져 돌봐 줄 사람 없는 또 다른 노인을 절벽에서 밀어버리고, 아내의 제사를 지내고 그녀를 찾아와 더는 외롭게 사는 것에 자신이 없다는 한 남자와 화려한 호텔 방에 같이 누워 수면제를 먹지만 남자는 죽고 그녀는 일어나게 된다, 그녀는 이렇게 세 사람의 남자를 죽여주는 여자가 되었다. 병마와 외로움을 견디지 못해 죽음을 선택한 그들을 도와준 것이다. 그들에게 마음을 다해 곁에 있어 줄 누군가가 있었다면 어땠을까?.

　"내가 추위를 많이 타는데 겨울 지나서 감옥에 가면 안 될까요?." 하며 잡혀가는 경찰차 안에서 담담하게 눈 내리는 밖을 내다보는 그녀의 표정이 너무 일상적이어서 오히려 편안하게 느껴졌다.

최근 한 신문에서 읽은 기사에 의하면 종로3가 근처에는 현재도 약 400명 정도의 박카스 아줌마, 할머니들이 활동하고 있다고 한다. 그들은 지극히 평범한 얼굴과 옷차림으로 언뜻 눈에 띄지도 않게 호객행위를 하고 있다.

그들은 "박카스 드실래요?." 하고 권해서 받아드는 남성을 데리고 근처의 낡은 여인숙으로 향하는 것이다. 나이에 따라 받는 돈의 액수도 조금씩 차이가 나겠지만 정년을 지난 노인들의 주머니에서 나오는 액수는 그리 많지 않을 것이다.

생존을 위해 할 수 있는 일이 그것밖에 없었다는 소영 같은 여자와 일에서는 정년이 되었지만 육체의 욕망은 그대로 살아 꿈틀대는 남자가 만나 치르는 짧은 시간의 거사. 지푸라기 들 힘만 있어도 관계를 원하는 남성의 욕망은 요양병원 간병인에게서도 들은 바가 있다. 남성 환자가 여기저기 주물러 달라 하다가 손을 끌어당겨 자신의 음경으로 가져가기도 한다는 것이다. 이성이나 감성으로 제어가 어려운 것이 본능이라는 것인가 보다. 식욕과 성욕이 본능 중에 가장 두터운 것인 것 같다.

영화의 한 대목에서 마지막으로 죽여 준 남자는 죽기 전에 소영에게 말하기를 "이제 그 짓도 못 하니 남자 인생이 끝났어." 하며 고개를 떨구던 모습은 이제 다른 어떤 것에도 자신이 없어진다는 고백이었다. 꼭 성관계를 못 하게 되어 인생이 끝났다는 표현은 아닐 것이다. 마음에서 지우지 못한 본능이 몸이 따라주지 않는 데서 오는 괴리감에 자신이 없어진 것이다. 남자들은 섹스를 하면서 만족해 하는 여자를 보면 자신감이 생긴다고 말하는 것을 들었다.

온몸이 젖은 솜처럼 무겁게 느껴지고 머릿속이 해결되지 않은 문제들로 가득해서 실타래 엉키듯 복잡할 때 나는 관계를 원한다. 모든 것을 잊고 본능에 따라 땀 흘리는 순간이 주는 카타르시스는 세상 어떤 위안보다 크게 다가온다. 그 순간 혼자가 아니라는 안도감 역시 큰 것이다. 물론 상대가 나를 사랑으로 안을 수 있어야 한다. 파고다 공원의 박카스 아줌마를 상대로 하는 남자들은 사랑은 없을지라도 거기에서 자신에 대한 위로와 자신감을 확인하고자 하는 몸짓이라는 생각이 들었다.

내가 젊어서 노인들의 성에 대해 몰랐듯이, 지금의 젊은이들도 그러하다. 그러나 내가 이제 나이 들어 사그라지지 않는 본능을 다스리며 살아보니 젊은이들의 불같은 성도 중요하지만, 노인들의 잔 불꽃 같은 성도 추잡하다고 치부하지 말고 양지로 끌어내어 이해받아야 한다는 생각이 들었다. 그것은 육체의 본능을 넘어 관계의 연속을 의미하는 것이기 때문이다.

스페인 여행 중에 인상 깊었던 광경이 생각난다. 주말이면 동네 시계탑 광장에는 노인들의 댄스파티가 열린다. 옷을 잘 차려입고 주말을 즐기기 위해 모여드는 노인들의 모습을 보며 우리나라에서 이런 모임을 하면 어떤 반응이 나타날까 하고 생각했다. 개중에는 걷기도 힘들어 상대방을 붙들고 서 있기만 하던 커플도 있었는데 그들의 표정은 소년, 소녀처럼 밝고 행복해 보였다. 스킨쉽이 주는 위안은 이렇게 큰 것이다. 나이 들어가며 느끼는 행복감은 지성이나 이성이 주는 것보다는 본능에 가까운 것이 많아지는 것 같다.

내 남편이나 애인이 자신감을 가질 수 있도록 스스로 또 다른 의미의 죽여 주는 여자가 되어 많이 안아 주고 다독여 주어야 할 것 같다. 내 남자가 외로워서 파고다 공원으로 가지 않도록 많이 웃어 주어야겠다. 코로나로 개방도 하지 않은 파고다 공원 담벼락에 앉아 장기판을 두드리는 많은 남자의 모습에서 깊은 외로움을 보았다. 소영이 거리에서 "연애 한 번 할래요?" 하며 미소를 지었듯이 오늘 저녁 내 남자에게 "연애 한 번 어때요?" 하며 사랑의 몸짓을 나누어 보는 것은 어떨지…

독백

 내가 생각하는 수필은 독백이다.
 자신의 내면에서 올라오는 생각을 글이라는 형태로 드러내는 것이다. 그래서 수필은 개인적이며 개성적인 글이 되어 그 사람의 생각을 알 수 있게 되는 것이다. 다른 사람의 수필에 관심을 가지는 것은 소설을 읽는 것과는 다르게 일종의 관음증이라는 생각도 한다. 다른 사람의 일상을 들여다보며 내 삶의 고달픔을 달래기도 하고 재미있는 얘기에 미소를 지으며 잠시 쉬어가는 시간을 가지게 된다.
 우리가 음식을 먹을 때 맛있다고 느끼는 것은 눈으로 보는 음식의 모양과 혀에서 느껴지는 맛으로 느낄 뿐이지 그 음식이 각각 몇 g의 재료들의 혼합인지를 알려주는 레시피를 아는 것에 있다고 생각하지 않는다. 손맛이라고 일컬어지는 대충의 버무림으로도 일품요리가 만들어지듯 수필은 지식의 전달이 아니라 지극히 개인적인 감성으로 쓰였지만 읽는 이에게 감동을 주는 글이라는 것이다.
 수필의 정석으로 일컬어지는 피천득의 글에는 자신의 가족에 대한 잔잔한 사랑과 일상에서 만나는 소소함이 잘 드러나 있다. 돈이 조금 생기면 하고 싶은 일이 있다는 그의 글을 읽으며 나도 조금의 여유가 생기면 어떤 것을 해볼까 하며 미소 짓기도 했다.
 법정 스님의 글에서도 따스한 시선으로 바라본 화분 하나

이거나, 밤새워 내리는 부드러운 눈송이를 바라보며 느끼는 사유의 과정을 써 내려간 글들이 있다. 이렇듯 내가 생각하는 수필은 지극히 개인적인 글이어서 때론 일기와 혼동될 수도 있지만, 쓰는 사람의 언어가 강하거나 주장이 명백해야 감동을 주는 것은 아니라고 생각한다.

 그런데 요즘 내가 배우는 수필은 분석적이며, 지식 주입을 강요받는 듯해서 혼란스럽다. 정보를 찾아야 하고 재미를 부여해야 하는 것을 강조하다 보니 개인적 체험보다 인터넷에 떠도는 지식이나 이야기를 내 것인 양 포장하게 되는 글을 보게 될 때도 있다. 전문적인 지식이 필요할 만큼 주석을 달아 인용하면서까지 수필을 쓰는 것은 아니라고 생각한다.

 음악도 사람마다 좋아하는 장르가 있듯이 글도 사람에 따라 선호하는 종류가 있을 것이다. 그리고 쓰는 사람의 성향에 따라 글의 느낌도 달라진다. 사람들이 자신의 삶이 소설이라고 얘기하듯이 내 경험치로도 글감이 될 수 있다고 믿었다. 또한, 수필이 장년의 문학이라고 말하는 이유는 자신의 경험을 바탕으로 하는 글이어서 나이 어린 사람보다는 인생 경험이 많은 사람들의 글이 깊이가 있어 붙여진 이름일 것이다. 수필은 전문적인 지식이 없이도 쓸 수 있는 비전문가의 글이라고 알고 있어서 도전할 수 있었다. 물론 지식의 깊이에 따라 선택하는 단어가 다를 수도 있겠다는 생각을 한다. 그러나 전문용어를 사용하여 어려운 글 보다는 쉽게 읽히는 글이 나는 좋다.

 내 글은 내 경험 이상이 되어주지 못해서 명랑하고 밝은 글이 없다. 앞으로 즐겁고 화려한 인생이 되어 주기를 바라지만 지나온 시간이 행복하고 즐겁기만 했다면 글을 쓸 수 없었을 것이다. 나는 독백을 글로 뱉으며 지나온 시간의 고달픔을 견디어 냈으니 말이다. 그렇게 자신을 달래며 견디었기에, 내 글을 보며 같은 처지인 사람들이 위안받을 수 있으면 하는 바람도 있다. 타인의 불행은 나의 행복이라는 우스갯소리도 있으니 말이다.

 독백의 글쓰기는 세상에 대한 억울함을 제대로 항변하지 못한 내 나름의 탈출구이기도 했다. 품위 있는 글쓰기가 어떤 것인지 아직 모르지만, 앞으로도 나는 읽으면서 가슴이 따뜻해지고, 공감하며 감정의 응어리를 같이 풀어 나갈 수 있는 내 방식의 글쓰기를 이어가고 싶다.

또 다른 나를 찾아

　장마철도 아닌데 비가 자주 왔다. 오늘은 태양빛이 눈을 뜰 수가 없게 강했다.
　그 찬란한 햇살을 보자 눅눅해진 집 안의 모든 것을 내다 널고 싶었다. 이부자리를 빨아 옥상에 널고 욕실 창문을 활짝 열어 햇살을 들여놓고 우산들을 정리해 신발장에 넣으며 그렇게 하루를 보냈다.
　옥상을 왔다갔다 하며 이불을 뒤집고 마른 이불에서 나는 다림질 냄새에 흐뭇해 하며 코를 대고 한참이나 고소한 그 냄새에 취해도 보았다

　어제 서점을 기웃거리다 사 가지고 온 최인호의 〈낯익은 타인들의 도시〉를 짬짬이 읽으며 집안 일을 하는 것도 나쁘지 않았다.
　사실은 오랫만에 태양이 이글거리는 거리로 나서보려다 널어 놓은 이불도 마음에 걸리고 흐르는 땀을 주체할 자신이 없어 주저앉고 말았는데, 선풍기를 틀어 놓고 혼자만의 공간에 음악을 채우고 책을 읽는 시간을 가지고 보니 여유로움이 좋다.
　낯익은 타인들의 도시는 도시인이 가지는 고독과 틀에 박힌 생활에서 벗어나려는 호소를 하고 있었다.
　주말 아침에 자명종 소리에 놀라 잠을 깬 주인공 K가 겪

는 일련의 일들을 환타지 적으로 풀어낸 이야기다. 작가가 하고 싶은 얘기는 고독인 것 같았다.

  낯익은 풍경들 속에 있으면서도 낯선 느낌들.

  아침에 깨어 욕실에서 마주한 거울 속의 자신 마저도 낯설어지는 어느 순간을 느끼며 우리는 진짜 어떤 모습이 진정한 나일까 하는 의문을 안고 살고 있을지도 모른다.

  책 속의 인물들이 가지는 이중적인 모습들에서 어느 누구나 지금의 자신의 모습이 아닌 다른 자아의 모습으로 살고 싶어지는 것은 아닐까 생각했다.

  옷을 벗지 않고 짙은 어둠 속에서만 섹스를 하던 아내가 어느 날 환하게 불이 켜진 방에서 주섬주섬 옷을 벗어던지는 모습에 낯설어 하던 그.

  대학교수이던 매형이 여장을 즐기는 모습에서 느끼던 낯설음.

  아름답고 자신을 잘 가꾸던 누나가 완전히 퍼져 생활에 찌든 중년여인이 되어버린 모습에서 느끼던 이상하게 변질된 욕정.

  하지만 무엇보다 의사 친구가 간호사와 가지는 불륜에 거부감을 가지던 그가 키스방에서 느끼던 편안함은 어떤 감정이었을까?.

  길거리에서 마주치는 모든 사람들이 낯이 익지만 한편 낯선 느낌들.

  아내와 심지어 딸에게 조차 낯설음을 느끼며 진짜를 찾아 나선 그의 행적들을 따라가며 나의 또 다른 자아는 어떤 것일까 생각해 보았다.

그의 또 다른 자아는 닮고 싶지 않은 아버지를 닮아 있었다.

술에 절어 폭력을 행사하고 칼로 손가락 치기를 하다 새끼손가락을 잘라 버린 모습의 또 다른 자신을 찾아 만남을 가지면서 자신 속에 내제된 폭력성을 마주했다. 그는 금융업계에 몸담고 있으면서 깔끔하고 모범적으로 살아내던 그의 일상들이 지진에 무너진 세상보다 더 뒤죽박죽이 된 느낌이었다.

K는 토요일 아침부터 월요일 아침까지 같은 모습으로 아침을 맞는다.

그것은 지극히 평범해서 지루한 쳇바퀴 일상일 수도 있지만, 외마디 소리를 내도 소리가 질러지지 않는 고독감에 젖어서 월요일 복잡한 지하철역에서 이별을 고한다.

나는 요즘 일상의 중요성에 대해 생각한다.

코로나가 바꾼 일상의 변형이 더욱 그것을 실감 나게 한다.

친구들을 자유롭게 만나고, 가족과 여행을 하는 너무 쉽게 행하던 일들을 지금 우리는 하지 못하고 있다.

하지만 아침에 건강하게 눈뜨고 일터로 나올 수 있는 것에 감사한다.

그런 평범한 일상들이 주는 편안함이 소중하다는 것을 절감하며 대단한 목표보다 오늘을 잘 살아내는 것에 만족하고 싶다.

그런 내가 오늘 읽은 이 소설은 이질적이었다. 외부적으로 잘 다듬어진 가정을 가진 그가 왜 그런 결론을 내야 했을까?

만족이란 자신의 잣대를 줄이는 것에 있다고 생각한다.
그는 왜 만족하지 못했을까? 만족이 오히려 삶의 이유를 앗아 갔을지도 모른다.
도시인들의 각각의 섬에서 어울림을 찾지 못한 때문이기도 하지만 그의 안타까운 죽음을 생각하며 건강한 삶을 사는 방법에 대해 생각하게 된 하루였다.

빛나는 브런치

 가끔 잠들기 어려운 밤이 있다.
 육체를 갉아 먹으며 쌓이는 시간은 영혼을 말갛게 희석시켰다.
 잠들지 못하고 뒤척이는데 책도 눈에 안 들어오고 티브이 리모컨을 이리저리 돌려 보다가 대사 하나가 마음에 꽂혀 드라마를 보게 되었다. 평소 열 시 반이면 잠드는 습성 탓에 늦은 시간의 프로그램은 보기가 힘든데 다음 회가 마지막 회라는 자막을 보니 결과가 궁금해졌다.

 "네가 열 번 아파할 때 내가 다섯 번쯤이라도 아파줄 수 있으면 좋겠어."
 젊은 나이에 암으로 진통을 겪는 친구를 바라보며 말하는 그녀의 눈빛은 젖어 있었다.
 정말일까? 그런 마음을 가진 친구가 있을까.? 부모도 아니고 아무리 중학교 때부터 만나 서로를 형제처럼 여기며 살던 친구라 하더라도 대신 아파주고 싶다는 생각은 나로서는 의외여서 계속 보게 되었다.
 나에게도 드라마 속 여자와 같은 나이인 마흔에 위암으로 세상을 떠난 친구가 있었다.
 그녀를 위로한답시고 몇 번 병원을 가보기는 했지만, 마지막이 다가올 무렵 근육은 다 사라지고 피부가 뼈에 붙어 까만 눈동자만 살아 있던 그녀의 모습에서 무서움마저 느끼며 병원을 나선 생각이 난다. 나는 친구의 곁에서 단 하루도 같이 있어 주지 못했다. 그녀가 죽고, 세상에 대한 관심이 많았던 그 친구에게 신문 한 면도 읽어주지 않았다는 것이 가장 후회스러웠다.

아버지가 돌아가셨을 때도 나는 울지 않았다. 오래 앓지는 않았지만 나 좀 죽여달라며 폐암의 고통으로 힘들어 하던 아버지가 6월의 햇빛을 바라보며 눈을 감았을 때, 그 고요한 얼굴이 오히려 평온해 보여서였다.

드라마 속의 아픈 그녀는 혼자 죽음에 대해 준비를 하고 있었다.

혼자 납골당을 계약하고, 영정사진을 찍고, 자신의 저축액의 남은 돈으로 부모님이 운영하는 낡은 가게를 수리해 주었다. 병원에 있을 때는 장례식장을 가 보고 자신의 장례식 모습을 상상해 보기도 했다. 그렇게 혼자 자신의 마무리를 준비하면서 마지막 부고 리스트를 작성해서 친구에게 건네 준다.

친구는 "이 리스트에 있는 사람을 고른 기준이 뭐냐.?"고 물었고 그녀는 "전화 오면 밥 한 번 같이 먹고 싶은 사람"이라고 대답했다. 같이 밥을 먹고 싶은 사람? 생각하게 하는 말이었다.

우리는 가족을 식구(食口)라고도 한다. 같이 살면서 끼니를 같이 하는 사람. 그만큼 같이 밥을 먹는다는 것은 많은 의미를 담고 있다. 지나치며 어쩔 수 없이 같이 먹게 되는 밥이 아니라 상대에 대한 애정을 가지고 밥을 같이 먹으면, 그 시간이 가져다주는 행복은 무엇보다 크다.

 부고 리스트를 받은 친구는 그녀가 살아 있을 때 그 사람들과 밥 한 끼를 같이 먹을 수 있게 해 주는 것이 정말 좋을 것 같다는 생각을 했고, 부고 리스트에 있는 사람들을 브런치에 초대했다. 모두 아픈 그녀의 근황을 알고 달려와 주었다. 아무것도 모른 채 애인이 끄는 대로 식당에 브런치를 먹으러 갔다가 그녀는 보고 싶던 사람들을 한자리에서 만나게 된다. 한 사람씩 애정이 담긴 포옹을 나누는 모습에 마음이 따뜻해졌다. 그녀가 얼마 남지 않은 생의 한순간에 보고 싶던 사람들과 나눈 브런치는 빛나는 시간이었다.
 아무도 울지 않았다. 창 밖에 내리는 눈을 바라보며 마음에 습기를 담았을 것이다.

 잠든 순간에 친구가 잘못될까 봐 핸드폰을 쥐고 전등을 끄지 못하는 친구의 보살핌을 받으며, 그녀는 한 계절을 더 살다가 갔다. 견디기 힘든 진통이 그녀를 괴롭히기도 했지만 내가 보기에 그녀는 행복하고 성공한 인생을 살았다. 살면서 친구 한 사람만 건져도 성공한 인생이라는 말도 있다. 얼마 전 타계한 석학인 이어령 교수도 가장 후회스러운 일은 마음 털어놓을 친구가 없어서 실패한 인생이며 외로웠다고 말했다. 그렇듯 친구는 삶의 중요한 부분이다.

 전편을 보지 못해서 그들의 사랑이 어떻게 이어졌는지는 모르지만 죽음을 앞둔 그녀에게 혼인신고를 종용하는 애인이 곁을 지켜주었다. 그리고 절반쯤의 고통을 나누고 싶다는 친구가 있고 표현은 서툴지만 절대 딸 앞에서 눈물을 보이지 않는 부모가 있어서 그녀가 말한 대로 단지 조금 일찍 세상을 떠나는 것일 뿐 행복한 인생이었다고 생각했지만, 그런 좋은 사람들을 두고 가야 하는 그녀는 얼마나 힘들었을까….

그녀를 보내고 일상에서 그녀를 그리워하는 남은 사람들이 안쓰러웠다. 일 년 후에, 죽은 친구가 미리 녹화해 놓은 영상편지를 받아 읽으며 오열하는 친구를 보며 텔레비전을 끄고도 쉽게 잠들지 못했다.

나는 어떤 식으로 나의 마지막을 정리해야 할까?

그녀처럼 아프게 된다면 내 곁을 지켜 줄 사람은 누구일까? 내 가족들은 나를 얼마나 오래 그리워할까. 사랑이라는 이름으로 엮였던 사람들을 떠올려 보았다.

나도 그 브런치를 따라 하고 싶었다. 언젠가 뉴스에서 생전 장례식을 치른 사람의 기사를 본 일이 있다. 죽어서 장례식장에 와서 영정사진 한 번 올려다보고 돌아가는 그런 장례식보다 살아있을 때, 보고 싶은 사람 모아놓고 한 번 웃어보는 것도 좋을 것 같다. 근사한 드레스도 입고 싶다. 그들에게 내가 얼마나 열심히 아름답게 살았는지 자랑도 한 번 해보고 드라마 속 그녀처럼 한 사람씩 포옹도 해 보고 삶을 마무리하고 싶다. 반드시 다가올 죽음에 대해 좀더 아름다운 준비를 알게 해 준 드라마였다.

밥 한 번 먹자고 초대할 사람들 리스트를 떠올려 보았다. 앞으로 사는 동안 더욱 많은 내 주변 사람들에게 같이 밥 먹고 싶은 사람이 되는 것도 기원해 보았다.

외등

사랑하는 이가 갇힌 병원이 바라보이는 언덕에서 얼어 죽은 한 남자의 궤적을 찾아가며 이야기는 시작되었다.
서 영우.
그를 잊지 못하는 두 여자의 삶을 따라가며 세상얘기가 이어졌다. 영우의 집으로 개가한 엄마를 따라 영우의 의붓동생이 되었던 이 재희. 영우의 집에 이사 오게 된 정신대 출신의 엄마를 둔 사생아 민 혜주. 그리고 영우의 동창으로 혜주의 남편이 되었던 노 상규.
이 네 청춘이 엮이어 가는 사랑의 지독한 열병이 시대 상의 변화와 함께 그려졌다.
이 소설을 읽으며 뻔한 사각 관계의 사랑얘기에 시대의 아픔을 밀어넣어 다변화 했을 뿐인 내용에 조금은 실망했다.
박 범신인데……
서 영우는 민 혜주를 사랑하면서 자신이 가진 것들로 그를 행복하게 해줄 수 없다고 준 재벌이 되어가는 대성그룹의 후계자가 될 수 있는 노 상규에게 보낸다.
민 혜주는 마음 속에 영우를 품고 노 상규에게서 안락함을 꿈꾼다.
하지만 노상규의 사랑 또한 너무도 처절해서 인정 받지 못하는 자기의 사랑을 알면서 몸은 옆에 있으면서 마음 속에 허공을 향해 영우를 잊지 못하는 혜주를 괴롭히는 것으로 사랑을 표현한다.

  재희는 이런 과정들을 영우에 대한 갈망을 안고 지켜 보며 살아간다.

  벼락이 치던 밤에 자신을 달래주기 위해 밤을 지켜주던 오빠.

  영우의 손가락이 자신의 몸을 스쳐갔던 기억을 간직하며 달아 오르는 재희의 슬픈 사랑.

  정신대 출신의 혜주 엄마가 어떻게 망가져 가는지 보여주는 것으로 우리의 망각을 일깨우고 유신정치가 한 젊은이의 인생을 어떻게 망가뜨렸는지 생각하게 해 주었다.

  시대의 아픔을 우리는 어떻게 견디며 살아가야 했을까.

  소설은 시대가 어떠하든 사랑은 변하지 않으며 같은 모습으로 우리 안에 있다고 얘기했다.

  영우를 그리워 하는 아내를 정신 병동에 가두고 살아야 했던 노 상규의 삶 또한 슬프게 다가왔다.

  놓으면 되는 것을……

  사랑이 소유하는 것이 아니라 자유롭게 해주는 것이어야 한다는 것을 말하고 있는 것 같았다.

  영우의 죽음으로 싸워야 할 상대가 없어진 노 상규가 혜주를 놓아줌으로써 이야기는 끝난다.

  애증의 긴 세월을 자신들을 갉아먹어야 했던 그들은 자신들의 일상을 다듬으며 세월과 맞서 있었다.

  입맛이 변하지 않듯 사랑 역시 변할 수 없다는 그들 네 사람의 사랑이 질기게 이어진 얘기였다.

  혜주가 갇힌 정신 병동의 커텐자락을 바라보는 것만으로도 환희에 찾던 영우의 사랑은 어떤 것일까.

그 커텐자락을 바라보며 눈 속에 얼어버린 한 남자의 사랑에 대해…

  그리고 다른 쪽을 바라보는 여자를 바라보며 가슴 속에 절절한 사랑을 안고 살아야 했던 노 상규의 사랑은 또 어떤 것이었을까

  사랑하는 모든 이들이 마주보며 같은 눈빛으로 사랑할 수 있기를 소망해 보았다.

열한 번째 엄마

 영화는 초등학교 5학년 정도의 소년이 전단지를 돌리며 "내가 주부습진이 말이나 돼? 엄마가 있었으면 이런 일은 없었을 텐데…." 하는 독백으로 시작한다.
 소년은 아빠와 단 둘이 산다. 아빠는 게임중독에 빠져 아들이 전단 아르바이트로 벌어 모아 놓은 돈도 빼앗아 가는 비정한 사람이다. 거의 집을 비우고 가끔 여자들을 데리고 와서 며칠간 집에 데리고 있다가 술집이나 매춘업소에 파는 일을 했다. 남자는 그 여자들을 엄마라 부르게 했다. 남자 딴에는 엄마가 없는 아들에게 잠시나마 엄마의 자리를 만들어 주고자 하는 마음이었을까?.
 열한 번째 여자는 밥도 할 줄 모르고 종일 잠만 잤다. 소년이 학교에서 받은 식권으로 바꾸어 온 김밥을 날름 집어 먹거나, 소년이 차려 주는 밥을 심드렁하게 먹고, 냉장고에 감추어 둔 음식을 다 먹어치운다. 여자는 어느 날 베개 속에서 동화책 한 권을 발견하고 그것이 사라진 소년의 친엄마가 사 준 유일한 책이라는 것을 알게 된다. 소년은 그것을 빼앗아 싱크대 안쪽에 감추지만, 아빠에게 들켜서 책도, 책갈피에 끼워 놓은 엄마와 찍은 사진도 모두 불태워진다.

 남자는 소년의 머리채를 잡고 "엄마는 죽었다."를 복창하라고 시키지만, 소년은 입을 굳게 다물었다. 하지만 계속된

매를 못 버텨 "엄마는 죽었다."를 따라 하고 만다. 여자는 매질하는 남자에게 달려들어 소년을 구해 보려 하지만 같이 매질을 당하고 남자는 난장판을 만들어 놓고 나가 버린다. 소년은 자신을 구하려다 얻어맞은 여자를 위해 약을 사 오고 둘은 마음을 터놓기 시작한다. 여자는 췌장암 말기 환자였다. 마지막이 다가오는 것을 느끼면서 그녀는 이웃 사람에게 남자가 소년을 때리면 구해주라는 부탁을 하고 집을 나간다.

학교에서 부모를 초대하는 학예회 날짜가 다가오지만, 소년은 아무도 와 줄 사람이 없었다. 담임선생의 주선으로 여자는 학예회 날에 멋지게 차려입고 학교에 온다. 소년은 학예회가 끝나고 돌아가려는 그녀를 아줌마라 부르던 호칭을 버리고 "엄마 가지 마."하며 큰 소리로 그녀를 붙잡는다. 여자는 다시 소년의 집으로 돌아오고 병은 점점 깊어가지만 둘은 친모자처럼 지낸다. 여자는 자신이 고아로 엄마도 모르고 살았는데 엄마라 불러주어 고맙다는 말을 남기고 숨을 거둔다.

눈발 날리는 그녀의 관 위에 날아가는 새 그림을 올려 주며 소년은 오열한다. 영화의 끝은 봄꽃이 흐드러지게 핀 길에서 묘를 향해 가는 소년의 밝게 미소짓는 모습이었다. 엄마를 만나러 가는 아들의 즐거운 모습이었다.

영화 「열한 번째 엄마」를 보면서 아들을 버리고 집을 떠난 여자에 대해 생각했다. 그녀는 행복을 찾았을까? 요즘엔 모성도 변해서 예전처럼 간절한 모성의 모습이 없다. 자기 아이를 학대하고 살해하는 일도 다반사여서 차라리 버리고 가는 편이 나았는지도 모르겠다.

 나는 남편과 헤어질 때 내 생이 조금은 특별해지리라는 기대를 했다. 아내, 며느리를 벗어던지고 나대로의 열정적인 삶을 살고 싶었다. 하지만 한 가지, 엄마라는 이름은 벗어버릴 수 없었다. 엄마가 지니는 책임과 의무는 다른 어떤 것보다 우선했으므로 나대로의 삶을 살 수 없었다. 가끔 여자가 되고 싶을 때도 있었지만 엄마라는 이름으로는 그 또한 사치였다. 나는 내 아이들에게 그리운 엄마가 되고 싶다는 생각으로 나름대로 노력하며 살았다. 지금은 익숙해 있어서 별다른 느낌이 없겠지만 많은 시간이 지난 후에 가끔 그리워지는 그런 엄마이고 싶다. 힘들고 어려울 때 곁에 와서 잠들 수 있는 엄마이고 싶다. 내가 그래보지 못해서.

 그런데 소년의 엄마는 아들을 두고 어떤 삶을 살고 있을까. 그녀도 아들을 그리워하겠지.
 소년에게 친엄마의 부재는 행방을 알 수 없어서 불안하고, 그립지만 손 닿을 수 없었다.
 하지만 열한 번째 엄마는 자신이 아는 곳에 잠들어 있다. 가끔 보고 싶어 명치 끝이 아파 올지라도 마음 속에 그리움 하나 있는 것은 좋은 일이다. 실체가 있는 그리움은 더욱 그렇다.
 소년의 경우는 더욱 그럴 것이다. 손잡고 아파했던 그녀를 자기가 볼 수 있는 곳에 묻어둔 것이 위안이 될 수도 있다. 벼랑 끝에서 만난 이들이 서로 기대면서 정을 나누는 이야기였다.
 단지 옆에 누군가 있다는 것만으로 많은 위로가 될 수 있었다.

낡은 얘기지만 홀로 명절을 보내는 이들에게 사람에 대한 그리움을 생각나게 하는 영화였다. 엄마의 역할을 하진 못했지만, 그녀나 소년에게 어려운 순간에 곁에 있어 준 사람이 남긴 치유의 순간이었다.

"또 갈 거야? 언제 갈 거야?" 하며 소리치던 소년의 두려움처럼 혼자 남겨진 자들은 이유를 알 수 없이 서러울 때가 있으니 말이다. 그리운 엄마가 되기 위해 뭘 더 해야 할까.

송골매의 비상

　참 많은 시간이 흘렀구나. 40년이라니. 하기야 그 시절 태어난 나의 아이들이 40을 넘겼으니 시간이 빨리 지났다고 만은 할 수 없는 일이다. 2023년 설 특집으로 다루어진 송골매의 콘서트 제목은 「40년 만의 비행」이었다. 멤버인 구창모의 탈퇴로 오랫동안 활동을 하지 않던 그룹 송골매가 다시 뭉쳐서 콘서트를 했다.

　송골매는 70년대 대학교 그룹사운드에서 출발한 밴드다. 1979년, 항공대학교의 그룹사운드 「활주로」의 멤버로 활약하던 배철수를 중심으로 송골매가 결성되었다. 이후 「블랙테트라」의 보컬 구창모와 김정선이 합류하면서 우리가 알고 있는 송골매의 모습이 완성되었다. 「어쩌다 마주친 그대」, 「모두 다 사랑하리」, 「빗물」, 「모여라」 등 수많은 명곡을 내놓은 록그룹이다.

　모니터에는 무대 위에 은발의 가수가 있었고, 무대 아래에도 은발의 노신사들과 넉넉해진 몸집의 여인들이 온몸으로 행복함을 나타내고 있었다. 그들은 모두 현재를 벗어나 이, 삼십 대로 돌아가 있었다. 젊은 사람들의 전유물 같던 콘서트 문화가 노년층으로 확대되는 것이 좋아 보였다. 브로마이드를 들고 노래를 따라 부르고 무대를 향해 소리를 지르는 그들을 보며 나도 40년 전으로 돌아가고 있었다.

젊음은 불확실한 미래로 인해 방황을 수반하지만, 무한한 가능성으로 또한 눈부신 순간이다. 하얗게 눈 내리는 길을 걸어도 추운 줄 모르고, 좋은 친구들과 있으면 배고픔도 잘 느껴지지 않았던 그런 순간이 있었다. 청바지 입고 명동을 누비던 때가 생각났다. 차 한 잔 값만 있어도 명동으로 달려가 음악다방에서 찢어질 듯한 음악에 빠져 눈치 보던 젊은 날이 내게도 있었다. 그러나 나이 들어가는 지금도 나름의 멋과 낭만이 있다. 배철수가 말했듯이 이 프로그램은 나이 든 사람들은 트로트만 좋아할 거라는 편견을 깨고 다양한 장르의 음악을 즐기던 젊은 시절이 있었다는 것을 요즘 젊은 세대에게 알려주는 계기가 되었다.

송골매가 활기차게 활동하던 80년 초에 나는 종로구에 근무하는 공무원으로 신혼생활에 바쁜 새댁이었다. 무대를 종횡무진 누비던 그들보다 내 삶이 더 빛나주리라 믿으며 희망에 부푼 시간이었다. 하지만 40년을 지나고 보니 내가 품었던 희망은 아직 미완성으로 남은 것들이 많이 있다.

무대 위의 가수 배철수와 구창모는 자신의 길에서 성공한 사람이었다. 멋지게 나이 든 그들을 보니 부러움과 함께 입가에 미소가 지어졌다. 자신이 좋아하는 일을 하면서 저렇게 성공할 수 있는 사람은 몇 안 될 테지만 그 선한 영향력에 찬사를 보냈다. 그들의 노래를 따라 부르는 이 순간에 우리는 모두 청년이 되었으니 말이다.

그들의 노랫말이 마음에 와 닿았다. 젊은 시절엔 스쳐 듣던 가사의 의미가 가슴 밑바닥으로 스며들었다. 빗물〈돌아선 그대 등에 흐르는 빗물, 빗물은 이 가슴 저리도록 흐르는 눈물〉을 따라부르다 저절로 눈물이 흘렀다. 눈물은 여유가 있어야 흘릴 수 있는데 나도 어느 정도 삶의 여유가 생겼나 보다. 한때 사는 게 너무 버거울 때는 악만 남아서 눈물 따위는 아예 사치로 여겨지기도 했는데 이제 눈물 흘리는 여유가 생겨서 고맙기도 하다.

드라마 삽입곡으로 들어갔던 「아득히 먼 곳」을 그 드라마 주인공이던 남자 배우가 나직하고 부드러운 목소리로 불렀다. 내가 상처 받은 일도 다른 사람이 모르면 아무 일도 아니게 지나갈 수 있다는 주인공의 대사가 생각났다. 다른 사람의 시선에 내 삶의 기준을 두지 않으면 잘 살아진다는 뜻으로 들었다. 아득히 멀리 와 버린 시간을 돌아보니 참 열심히 살았는데 미완성인 것들이 머릿속을 어지럽혔다. 하지만 남들이 내 머릿속을 모르니 나도 잘 살고 있다 해 보아야겠다.

> 찬바람 비껴 불어 이르는 곳에 마음을 두고 온 것도 아니라오
> 먹구름 흐트러져 휘도는 곳에 미련을 두고 온 것도 아니라오
> 아~ 어쩌다 생각이 나면 그리운 사람 있어 밤을 지새고
> 가만히 생각하면 아득히 먼 곳이라 허전한 이내 맘에 눈물 적시네
> 황금빛 저녁노을 내리는 곳에 사랑이 머무는 것도 아니라오
> 호숫가 푸른 숲 속 아늑한 곳에 내 님이 머무는 것도 아니라오
> 아~ 어쩌다 생각이 나면 그리운 사람 있어 밤을 지새고
> 가만히 생각하면 아득히 먼 곳이라 허전한 이내 맘에 눈물 적시네

설 연휴에 두 시간가량의 추억 나들이를 하며 여러 가지 생각에 젖었다. 가끔 지난 시절에 대한 그리움에 밤을 지새며 혼자인 시간을 달래보기도 하니, 대중가요는 자신의 처지에 와 닿으면 명곡으로 들린다. 음악이 우리에게 주는 치유의 능력이다. 제목처럼 40년 만에 날아오른 백발의 가수가 힘차게 노래하는 모습이 사람들에게 위안과 희망을 준 시간이었다. 중학생 팬도 있었고 그들을 따르는 젊은 아티스트가 함께한 공동의 작업이어서 세대를 아우른 공연이었다. 예전에는 외국 가수들이 나이 들어서도 활발히 활동하는 것을 부러워했다. 그런데 우리도 일흔이 넘은 가수의 공연을 볼 수 있어서 또한 그들이 열정을 간직하고 있어서 너무 좋은 시간이었다. 「모두 다 사랑하리」를 끝으로 떼창을 이어가던 여운이 아직 귓가에 남아 있다.

생선튀김 하나 먹을까요

"우리도 생선튀김 하나 먹을까요?"

여자는 상체를 반쯤 남자 가까이 기울이며 작고 조심스럽게 말했다. 60대 중년 부부로 보였는데 남자는 핸드폰 액정에 눈을 고정한 채 답이 없다.

그 집은 혜화동 로터리 부근에 있는 칼국수 집이다. 아주 오래된 시멘트 블록집으로 잘해야 20평이 될까 하는 땅에 지은 이층 집이다. 하늘색 페인트가 칠해진 벽은 군데군데 얼룩이 지고 알루미늄으로 된 출입문은 안에서 빛이 새어 나오지 않아 이층 난간에 붙여진 「00 칼국수」라는 간판이 아니면 이곳이 식당이라고는 전혀 알 수가 없다. 출입문을 열고 들어서면 오른편에 주방, 왼편에 방이 두 개, 지하에 작은 방이 하나 더 있고 이층에는 올라가 보지 못했지만 일층보다 면적이 작아 보였다.

꽤 오래된 집으로 사골국물에 애호박 한 가지만 몇 개 띄운 깔끔한 스타일인데 직접 뽑은 면발이 부드럽게 맛이 있는 집이다. 딸이 처음에 데려갔을 때는 뭔 이런 허름한 집에서 비싸게 파는 칼국수를 먹겠다고 줄을 설까 했는데 먹을수록 입에 남는 맛이 좋았다. 이 집에 또 한 가지 명물이 생선튀김이다. 동태인지 대구살인지를 튀겨 주는데 푸짐하기도 하고 맑은 색깔의 튀김이 좋은 기름을 쓰는 것 같았다. 나도 일행과 함께 생선튀김과 칼국수를 시켰다. 내가 주문하는 소리를 듣고 먼저 와 있던 옆 테이블의 여자가 나를 힐긋 보며 남자에게 물어본 것이다. 보통 양이 적은 두 사람이 오면 칼국수 한 그릇에 생선튀김을 시켜 나누어 먹는다. 내 뒤에 따라 들어온 젊은 커플도 칼국수 한 그릇에 생선튀김을 주문했다. 그네들은 바로 남자의 뒷자리였다. 여자는 그 젊은 커플이 주문하는 소리에 벽에 붙은 메뉴판을 올려다보며 앞에 앉은 남편에게 "저기요, 생선튀김 하나 먹을까요?" 하고 다시 물었다. 그러나 남자는 여자에게 눈길도 주지 않고 계속 핸드폰만 들여다보았다. 마침 주문한 칼국수가 나와서 그들은 아무 소리도 없이 칼국수를 먹기 시작했다.

  우리 밥상에 생선튀김이 먼저 나오자 여자는 계속 옆눈질로 우리 생선튀김을 쳐다보며 입으로 국수를 밀어 넣었다. 옆 테이블과의 거리라야 종업원이 겨우 다닐 정도여서 생선튀김을 먹는 내가 민망했다. 몇 개 담아 나누어 주고 싶었다. 칼국수를 다 먹을 동안 그들은 서로 얼굴을 쳐다보지 않았다. 소리 없이 국수를 먹고 뒤돌아 나가는 그들을 보며 내 음식 맛이 사라졌다.
  그 나이에 여자는 자기가 먹고 싶은 음식을 시킬 수 있을 만큼의 결정력도 가지고 있지 못한 것일까? 아니면 남편의 가벼운 주머니 사정을 생각해 준 것일까? 오랜만의 나들이가 음식 하나로 망가져 버리지는 않았을까 걱정이 되었다. 아무리 사랑의 유효기간이 다 되어 서로에게 시들해 있다 하더라도 아내와 동행한 외식에 남자의 행동은 나를 화나게 했다. 여자는 자기가 계산을 하더라도 만오천 원의 생선튀김을 못 먹고 그냥 가야 했을까?

부부에게는 〈일상가사 대리권〉이 있다.
　부부가 혼인이라는 공동생활을 하기 위해 서로가 대리권을 행사할 수 있으며, 제삼자와의 법률행위를 했을 때는 다른 일방은 이로 인한 채무에 대해 연대책임을 진다는 것이다. 예를 들면, 가정생활에 필요한 물품을 산다거나 생활비로 쓰기 위해 은행 대출을 받는다거나 했을 때, 객관적으로 가족 공동생활에 필요한 범주의 결정에 대해 상대방의 승인이 없어도 결정할 수가 있다. 그리고 그 채무에 대해 부부 공동의 연대책임을 부과하고 있다. 이와 같은 법률적 지침이 아니라 하더라도 부부는 일일이 허가받지 않고 결정해야 하는 일이 많다. 그런데 그 여자는 생선튀김 한 접시의 주문을 굳이 두 번씩이나 남편에게 물어야 했을까?. 일단 시켜서 먹어보고 남으면 포장하고, 남편에게도 새로운 음식을 먹여주며 나긋하게 얘기했으면 좋았을 것 같다. 그렇게 말이 안 통하는 남자라면 이런 외식 나들이조차 하지 않았으리라는 생각이 들었다. 여자의 우유부단함이 오히려 남자를 우습게 만들었을 수도 있다.

　식당에 마주 앉아 말없이 음식만 먹는 커플은 부부이고, 대화를 나누고 눈을 맞추는 커플은 불륜이라는 세상 속 얘기가 생각났다. 일요일 점심에 맛집으로 소문난 집까지 와서 남자는 왜 그리 멋없이 굴었을까? 여자의 얼굴을 바라보며 "다음에 먹자."라고 한마디만 해주었다면 좋았을텐데 하는 생각이 들었다.
　그녀는 오늘의 점심을 오래도록 기억할 것이다. 다른 것도 아니고 먹고싶은 음식을 앞에 두고 못 먹었으니 얼마나 속상했을까?. 하지만 밖에서 보면 낡고 허름하지만 내실 있는 이 칼국수 집처럼 오래 산 부부들도 밖에 보이는 모습이 다는 아니리라고 위안해 보며, 식사하는 동안이라도 핸드폰을 잠시 넣어 두고 서로 얼굴을 보면 좋겠다고 생각했다.

살아있음에

 4월의 첫날인데도 바람은 몹시 차가웠고 황사와 함께 비를 뿌리는 하늘은 어두웠다.
 장례식장을 향해 가는 길에는 개나리가 피고 있었고 나뭇가지에는 작은 싹들이 움트고 있었다. 생명이 움트는 계절에 그는 생명을 거두었다.
 분향실 입구에서 〈부의〉라고 쓰인 봉투를 집어 얼마쯤 봉투를 채워야 할까 잠시 고민하다가 아주 적은 액수로 체면치레를 했다. 기억해 줄 친구도 없는데 방명록에 이름을 남기고 분향실에 들어서니 그는 사진 속에서 웃고 있었다. 이제 그는 영원히 저 모습으로 우리 모두의 가슴에 남게 되리라.

 위암 판정을 받고 3개월도 못 채우고 바삐 떠난 그는 더 이상 늙지 않으리라는 위안으로 그리 편하게 웃고 있는 것인가. 하기는 그는 병원에 입원해 있던 날에도 아주 편안하고 화사한 얼굴로 걱정스레 찾아간 친구들에게 오히려 농담을 던지기도 했었다.
 병원 응접실에서 창으로 들어오는 겨울 햇살을 등지고 앉은 그는 위중한 병을 앓고 있는 환자라고는 전혀 보이지 않는 아주 안정적인 모습이었다. 믿기지 않은 자신의 병에 대해 무감각해져 있어서 인지도 모르겠다. 그래서 친구들은 그가 병을 털고 일어나는 것에 대해 별다른 걱정을 하지 않았다, 그는 우리의 방문에 감사해 하며 "나를 찾아 준 너희들은 10년씩 수명을 연장할 것이다"라는 글을 카페에 남겨 주었다. 우리는 그의 글에 유쾌했는데 이제 그는 자신의 숨소리를 거두었다.

 그의 영단에 국화꽃 한 송이를 올리고 마음 속으로 극락왕생을 빌며 두 번의 절을 했다. 돌아서 그의 아들, 딸과 인사를 나누었다. 그의 아내가 궁금했는데 자리에 없었다. 아들은 묵묵한 얼굴이었고 딸은 너무 울어서 부은 눈이 붉었다. 이 아이들에게 그는 좋은 아버지였을까?.
 나는 아이들이 그리워할 수 있는 부모가 되기를 염원한다. 그도 아이들이 오랜 시간 그리워할 수 있는 아버지였기를 바라며 접견실로 나오니 몇몇 친구들이 먼저 와 있었다.
 검은 상복을 입은 그의 아내가 다가왔다. 머리를 뒤로 묶은 그녀는 아주 담담한 얼굴이었다. 슬픔에 겨워 초췌해 있으리라는 내 생각과 달리 그녀는 의연했다.
 이미 3개월 동안 마음의 준비를 했던 것인지 아니면 아직 남편의 죽음에 대해 실감하지 못하고 있는지도 모르겠다. 그녀는 가끔 미소를 짓기도 하며 방문객들과 담소를 나누고 분향실에는 가지 않았다. 그의 사진을 바라보는 일이 힘들 수도 있겠다는 생각이 들었다.

 나는 나에게 이런 일이 생긴다면 어떨까 하는 걱정이 들었다. 남편과 오랫동안 떨어져 지낸 탓에 남편이 먼저 세상을 떠난다 해도 눈에 안 보이는 상황은 마찬가지여서 그저 담담한 기분이 된다면, 가슴 저미게 매달리던 사랑이란 참으로 허망하다는 생각이 들었다. 그네들은 어떤 사랑의 모습으로 살았는지 모르지만 나는 어떤 형태로든 남편과 함께 살고 싶다는 오직 한 가지 염원으로 결혼을 결심했던 순간이 있었다. 그러나 지금 나는 꿈꾸던 것처럼 살지 못하고 남편에 대해 예전의 어느 날처럼 가슴 저민 연민도 없어졌다. 이제는 빛 바랜 사진 속 풍경처럼 아득한 시절의 얘기여서 가끔 입가에 미소로 남는 순간들로 기억한다.

 친구의 아내는 오늘은 담담해 보이지만 후일 옆에 없는 그를 생각하며 연민의 눈물을 흘리게 되리라고 생각한다. 누군가의 기억 속에서 사라져 버린다는 것이 가장 슬픈 일이 되는 것 같다. 나는 아주 각별했던 몇몇 사람을 이제는 일부러 기억해 내지 않으며 모른 척 살고 있다. 가끔 기억에서 지워 버린 순간들이 생각나면 절실했던 그 시간이 내 삶에서 없어져 버린 상실이 허허롭다. 하지만 이런 기억의 상실이 상처를 치유하는 가장 좋은 약이 되어주는 것에 감사하게 되기도 한다. 우리는 망각이라는 좋은 약을 가지고 현재를 살아내는 힘을 얻는 것일 수도 있다. 지금 이 자리에 있는 모든 이들도 그를 잊고 자신의 생활에 충실할 테니 말이다.
 장례식장의 음식들은 비슷하다. 앞에 음식이 놓여 있으니 습관처럼 집어먹었다. 가족의 죽음을 앞에 놓고도 허기를 채우기 위해 먹어야 했을 때가 가장 싫었다던 어느 상주의 회고가 생각났다. 조문객은 많은 편은 아니었고 우리 또래의 문상객이 많았다. 우리 친구들도 마주 앉아 서로의 안부를 챙겼다. 문상하게 될 때마다 느끼는 일이지만 조문하게 되는 당사자에 관한 대화는 극히 미미하다는 것을 실감하게 된다.

오히려 혼자 감내해야 하는 자신의 아픔들을 친구의 죽음으로 녹여 내며 오늘 우리는 동상이몽이었을 것이다. 장례식장에서 조문객들은 각자 자신들의 얘기에 더 바쁘고 가끔 우리가 무엇 때문에 이곳에 앉아 있을까 하는 의문을 가지게 되는 경우가 있다.

 지난번에 한 친구의 아버지 장례식장에서 웃고 떠들었던 시간을 후회했다. 그 아버지가 춘수를 다한 나이였다 하더라도 그 친구에게는 아린 아픔이었을 텐데 우리는 호상이라는 명목으로 친구의 아픔 따위는 아랑곳없이 오랜만에 만난 친구들과 즐거웠으니 말이다. 더군다나 이번에는 아직은 젊은 나이에 할 일을 많이 남겨놓고 떠난 친구의 장례식이다.
 물론 장례식이 모두 슬퍼야 할 필요는 없다. 떠나는 사람을 잘 보내주는 것도 환생의 의미에는 좋은 일이라 불교에서는 너무 많이 울지 말도록 하고 있다. 남은 사람들이 많이 울면 망자가 갈 길을 못 가고 머뭇거리게 된다고 했다. 하지만 우리는 그에 대해 기억할 어떤 것들을 끄집어 내어 그를 추모했어야 했는데, 한 친구만이 일부러 한 톤이 높은 목소리로 슬픔을 이겨내고 있었다. 입원해 있던 그 친구에게 입에 맞는 음식을 만들어 주고, 외국에 있던 그의 아내가 그를 챙기러 올 때까지 가끔 그를 찾아가서 놀아주기도 했으니 각별한 심정이었을 것이다.
 나는 겨우 한 번 그의 병실에 갔던 것이 마음에 걸렸다. 그의 아내가 여자인 내가 전화하는 것을 오해하게 될까 봐 전화 안부도 제대로 묻지 못했다. 중국에 사업장을 차리고 열정적으로 일했는데 여러 가지 실패 요인을 놓쳤다고 했다.

사업 실패에 대한 스트레스가 그의 위를 자극했을지도 모른다. 10여 년 전에도 한 친구를 위암으로 보낸 일이 있는데 그 친구도 생활에 아주 많은 심리적 불안정을 안고 살았던 기억이 났다. 모든 병은 정신의 피폐가 만들어내는 것 같다. 나는 밥도 한 그릇 뚝딱 먹어치우고, 분향실에 누운 친구에게 마지막 인사도 없이 장례식장을 나왔다. 그는 초등학교 시절 항상 전교 1,2등을 하는 우상에 가까운 아이였고, 상급학교 역시 세칭 일류 학교로 진학해 졸업 후에도 좋은 직장에 다니던 친구였다. 초등학교 시절 먼발치에서 그를 좋아한 많은 여학생 중의 한 사람이던 나지만, 초등학교를 졸업하고 긴 공백기를 지나서 만난 한 친구에 대해 그리 많은 그리움이 남아 있는 것도 아니어서 오히려 그 순간에 내가 살아온 시간을 정리해 보았다.

나는 잘 살았는지 지금 떠난다면 마무리는 어떻게 해야 할까 하는 생각을 하니 머릿속이 복잡해졌다. 누군가 해마다 유언장을 써 보면 삶을 조금 더 진지하게 살게 된다고 했지만 해마다 죽음을 생각하며 살고 싶지는 않다. 링거를 꽂은 그의 손을 잡았던 감촉이 생각났지만, 잔잔한 미소 속에 담고 있던 그의 진한 슬픔 따위는 눈치채지 못했다. 항상 선두를 달리던 인생을 마감해야 하는 친구가 가슴에 담고 있을 회한은 어떤 것이었을까. 남겨진 자들은 또 아무 일 없던 것처럼 내일을 살아갈 것이다. 밤거리의 불빛은 마음에 여운을 남기고 차창을 스쳐 가고, 낮 동안 내리던 비도 그쳐 한강다리 위에는 보름달이 낯설게 빛나고 있었다. 살아있음에 감사한 날이었다.

사랑의 대가

　몇 년 전에 낙향한 친구를 보러 충청도 산골에 다녀왔다. 금강의 물줄기에 비친 단풍은 수채화 같은 한 폭의 그림이었다. 아름다운 길을 달리며 생각에 빠져 들었다. 그녀는 혼자 딸 하나를 키우며, 항상 사랑에 목말라 했고 나이 들어가면서 삶에 지쳐가고 있었다. 회갑을 지나며 이리 삶이 끝나는 것이냐며 우울해 할 즈음에 이상형의 남자를 만났다. 그 남자 역시 아내와 사별하고 마음이 허한 상태였다. 그들은 노년을 함께할 설렘으로 손을 잡았다. 그녀는 너무 행복해 했고 종일 남자 옆에서 종달새가 되었다. 그러나 행복도 잠시 남자는 대장암 진단을 받았다. 수술 후 대변 봉투를 달고 생활해야 하는 상황이 되었다. 완치된다는 확신도 없이 그녀는 울고 웃으며 그 남자의 병실을 지켰다. 침대에 누운 그 남자를 보러 갔을 때 그녀는 같이 있을 수 있어서 행복하다고 했다. 그녀는 헌신적이었고 간병인 없이 모든 수발을 혼자 들었다. 일 년쯤 후에 남자는 대변 봉투를 제거하고 공기 좋은 곳을 찾아 시골로 갔다. 물론 그녀도 직장 생활을 접고 그를 따라 나섰다.

　그렇게 오년, 남자는 하루에 화장실을 사오십 번씩 가고 잠은 오십분 이상 길게 자 보지 못했다고 했다. 그래도 그들의 사랑 때문인지 여자의 간병 때문인지 남자의 혈색은 좋아

보였다. 이제 완치는 아니라도 재발 가능성은 없으리라 믿으며 시골 생활에 적응하고 있었다. 해가 지면 암흑이 되어 버리는 동네. 10여 호 남짓 들어선 동네는 낮 동안에만 살아 있었다. 거기에 시골 사람들의 배타적 이기심은 감히 이겨낼 엄두도 못 낸다고 했다. 처음엔 밖에도 못 나가고 살았는데 오년이 다 되어가니 이제 조금 편해 졌단다. 터놓고 정을 나눈다는 것은 옛 이야기라 했다. 우리가 마당에서 식사하는 동안에도 뒷집의 사람 둘이서 언쟁을 하고 있었는데 이유는 뒷집 마당에 수도공사를 다시 해야 하는데, 앞집에서 자기 땅을 밟고 포클레인이 들어가면 안 된다며 실랑이를 했다. 그것을 보니 형제처럼 산다는 시골 생활에 대한 내 상상이 무너졌다.

 작은 마당 한쪽에 배추와 여러 가지 푸성귀가 자라고 있었다. 채소는 둘이 먹기에 충분했다. 남자가 좋아하는 고기를 사 가지고 가서 마당에 숯불을 피우고 구워 먹었다. 소고기와 돼지고기를 사서 갔는데 그녀는 소고기는 냉장고에 넣고 돼지고기만 내어 놓았다. 남자의 내일을 위해 좋은 음식을 저장하려는 그녀가 안쓰러웠다. 여자는 읍 사무소가 있는 곳의 유치원에서 아이들에게 간식을 만들어 먹이는 아르바이트를 하고 있었다.
 그녀가 집을 비우는 동안 남자는 하릴없이 먼 산 바라기를 하며 장에 간 엄마를 기다리는 아이처럼 여자를 기다렸다. 남자가 여름에 잠깐 저수지 둑을 감시하는 일을 한 것을 대견해 하며 겨울에 산불 감시원이라도 할 수 있으면 좋겠다며 여자는 남자의 옆 얼굴을 훔쳐보았다.

나도 오래전에 남편의 병시중을 했었다. 모태 감염의 B형 간염이 병으로 진행되어 간 경화가 되었고, 그는 호텔인 직장에서 해고되었다. 배에 복수가 차 오르고 온몸이 노래지는 상황이 되었고 입원과 퇴원을 반복했다. GOT, GPT로 일컫는 간 수치가 정상인의 1000배에 이르기도 하면 구급차로 응급실을 오가기도 했다. 간에 병이 나면 약을 쓰기가 어렵다. 모든 약을 간에서 분해해야 하는데 병든 간이 더 힘들어지기 때문이다. 그래서 간은 더욱 식이요법으로 나았다는 사람들의 경험담이 많은 듯하다. 나도 식이요법을 시작했다. 아침이면 명일엽과 사과로 녹즙을 만들고 굼벵이를 삶아 마실 물을 끓였다. 모든 것은 비위가 약한 남편이 안 보는 시간에 해야 했다. 단백질 보충을 위해 장어를 삶아야 했는데 참기름을 부어 달군 들통에 살아 있는 장어를 넣고 뚜껑을 붙잡고 있으면 장어들의 몸부림에 들통은 기차가 가는 것처럼 불 위에서 덜컹거리며 요동을 친다. 그러다 장어가 다 죽으면 조용해지는데 한 번은 들통이 조용해져서 뚜껑을 놓았더니 장어가 모두 통 밖으로 튀어 올랐다. 너무 놀라 뒤로 자빠졌다가 정신을 차리고 이리저리 굴러다니는 장어를 쫓아다니며 들통에 잡아넣고 다시 장어와의 사투를 벌여 장어탕을 끓였다. 그렇게 장어탕이 끓는 동안 장어도 불쌍하고 나도 불쌍해서 엉엉 소리 내어 울면서 주방 바닥에 흥건한 참기름과 비늘을 닦기도 했다. 그 당시 나는 남편을 사랑했을까? 내게는 어린아이들이 있었고 모두가 반대한 결혼을 잘 살아내야 한다는 일종의 오기도 있었던 것 같다. 이렇듯 병수발은 남모르는 고통을 수반한다. 그녀 역시 사랑이라는 이름으로 묶여 많은 고통을 참고 있을 것이다.

그들의 사랑은 아직 진행형일까? 이제는 돌아설 수도 없는 그녀의 사랑에 의문이 들었다. 그들의 방은 수시로 화장실을 드나드는 남자 때문에 나뉘어 있었고, 체온을 나누지도 못하는 남자를, 바라보는 사랑만으로 견디는 일은 그녀가 바라던 사랑의 모습은 아닐 것이다. 그들은 둘 다 우울증을 경험했다고 했다. 서울의 번잡한 생활을 접고 자리한 그곳은 사흘이 되어도 사람 구경이 힘든 동네라 방문해 주는 친구들이 유일한 희망이라며 반가워했다. 끼니를 걱정하며 젊은 날을 함께한 조강지처도 아닌데 이제 와 넉넉지 않은 살림에 병간호까지 하며 지탱하는 그녀의 사랑이 대견했다. 사랑에 목말라 급하게 마신 샘물에 체한 것 같은 그녀의 사랑이 걱정스러웠지만 잘 이어가기를 기도했다. 충청도 깊은 산골에 늙은 연인들을 두고 돌아서는 내 뒤로 산 그림자가 내려앉고 있었다.

2부 기다림

기다림

아침 운동을 하러 가다 보면 아파트 입구에 택시 한두 대가 손님을 기다리고 있다.

나는 미명 속에서 룸미러로 손님을 살피고 있을 기사의 눈초리가 읽혀 짐짓 고개를 돌리고 아파트 담 쪽으로 걸음을 옮긴다. 가끔은 기사들끼리 담배 한 개비를 나누며 두런거리기도 하지만 대개는 차 안에 앉아서 출발 자세를 하고 있다. 내가 손님일 거라는 기대를 거두기를 바라며 보도블록을 내려다보며 엄마가 몰던 개인택시가 생각난다.

작은 구멍가게를 운영하던 부모님은 커 가는 아이들의 뒷바라지가 점점 힘들어졌다. 그래서 엄마는 운전을 배우겠다고 했다. 70년대 초에는 서울에서도 여자기사는 보기 힘들었다. 엄마는 무난히 운전면허에 합격하고 자신감에 부풀어 택시회사를 찾았지만, 신출내기 여자기사를 신기해할 뿐 써 주는 곳은 없었다. 하는 수 없이 중고 세 발 용달차를 사서 가락시장에서 배달부터 시작했다. 초보운전자가 배달까지 하느라 얼마나 힘들었을지 짐작이 간다. 얼굴도 예쁜 사십 초반의 젊은 여자가 세 발 용달차를 끌고 다니니 가락시장에서 금방 유명해졌다. 3년쯤 가락시장 일을 하니 중고 자동차는 고장이 잦고 서 버리는 일이 많아졌다. 엄마는 차를 정리하고 경력이 인정되어 택시회사에 가게 되었다. 처음에는 정식 일자리는 안 주고 스페어라 해서 결근한 기사 자리를 대신하는 정도로 시작하였다.

내비게이션이 없던 시절 서울 시내 길을 익히는 것도 어려웠고, 야간에 술 취한 남자들의 농지거리를 받는 일이 제일 힘들고 무서웠다고 한다. 그래도 엄마는 저녁이면 지폐를 한 다발 안고 와서 세는 시간을 즐거워했고, 우리는 옆에 앉아서 100원짜리 하나라도 주울 수 있기를 바라기도 했다. 5년의 무사고 기록을 채우고 어느 날 대통령과 데이트하는 꿈을 꾸고 엄마는 개인택시를 가지게 되었다. 그 당시 개인택시는 노란색이기도 했지만, 황금 택시라 불릴 만큼 기사들의 부러움의 대상이기도 했다. 노란 셔츠를 입고 운전석에 앉은 엄마는 멋져 보였다.

하지만 여자 택시 기사의 길은 험난했다. 요즘처럼 개방 화장실이 없어서 화장실 찾기가 어려워 만성 방광염에 시달리기도 했다. 혼밥이 드물던 시절에 식당에 혼자 들어가기가 쑥스러워 비스킷이나 아이스크림으로 끼니를 때우며 운전했다.

엄마는 점점 거칠어져 갔고 일에서 받는 스트레스 풀이와 집안 살림은 맏이인 내 몫이 되었다. 나는 아직 여고생이었고 방과 후 하고 싶은 일도 많았다. 교정에서 자전거 타기를 배우는 친구들, 분식집에 앉아서 즐거워 보이는 친구들을 멀리하고 얼른 집에 와서 세 동생의 저녁을 챙겨야 했다. 대개는 수제비를 끓여 먹고 엄마 몫의 밥을 따로 준비하곤 했다. 내가 차려주는 밥을 먹으며 엄마는 피곤함에 절어 한 번도 맛있다는 칭찬을 해주지 않았다. 실제로 12시간이나 운전을 하고 무슨 음식이 맛이 있었을까 하고 지금은 이해가 간다.

당시 아버지는 구멍가게를 처분한 후로 백수로 지내며 엄마의 택시를 광나게 닦아주는 일만 한 것 같다. 그래도 엄마는 다방에서 수다 떠는 것을 좋아하는 남편의 주머니에 용돈을 넣어주며 행복해했다. 그것이 나중에는 의부증의 원인이 되어 엄마를 피폐하게 만들고 말았지만 말이다.

아파트 앞에서 손님을 기다리는 택시를 보며 오래 전 택시 기사이던 엄마 생각을 자주 한다.
손님을 기다리는 시간이 길어지면 초조해져서 다른 장소로 이동할까를 고민했던 엄마처럼 새벽잠을 포기하고 나온 저 기사들도 손님이 얼른 자신의 차에 올라타기를 기다릴 것이다.

인생은 기다림의 연속이라는 생각이 든다. 우리는 매일 무언가를 기다리며 산다. 내일이 다를 것이라는 기다림이 오늘을 견디게 하는 힘이다. 그 기다림의 끝에 무엇이 있을까를 결정하는 것은 오늘을 사는 내 모습에 달려있지 않을까.
당시 엄마의 기다림은 우리 네 남매의 무사한 성장이었다. 다행히 우리는 별 사고 없이 자라서 각자 자신의 삶을 살고 있는데, 엄마는 지난한 세월을 몸에 새기고 요양병원 침대에 묶여 있다. 우리는 엄마의 고통을 밟고 자랐고 이제 내 자식들에게 그 고통을 넘겨주지 않으려고 노력하는 중이다. 나는 오늘을 잘 살고 있을까?

굳은살

TV 프로그램 〈생활의 달인〉을 보다가 마음이 울컥했다. 바닷가 마을에서 게 다리를 손질하는 젊은 여자가 달인으로 나왔다. 장갑을 벗는 순간 손가락이 기형으로 휘어진 곳에 밤만 한 굳은살이 돋아 있었다. 단단한 게를 손질하는 가위질 때문에 굳어진 살이 도드라지고 손가락까지 휘어진 것이다.

그녀는 타지에서 이곳 바닷가 마을로 이사 오면서 생계를 위해 할 일이 마땅치 않아 식당에서 게 손질을 하여 먹기 좋은 크기로 잘라 손님에게 내는 일을 하게 되었다. 처음에는 가위질을 못 해 오래 버티기 힘들 것 같았다. 그래서 그녀는 비싼 게 다리 대신 나무젓가락을 매일 한 상자씩 자르는 연습을 해서 이제는 달인의 경지에 오르게 되었다며 미소를 지어 보였다. 아이들과 가족을 위해 그녀의 가녀린 손가락은 이제 굳은살이 오른 철손이 된 것이다.

공부하느라 펜을 잡은 가운뎃손가락이 약간 패인 내 손을 내려다보며 화면에 비친 그녀의 울퉁불퉁한 손과 대비에 보았다. 나는 어디에 굳은살이 생겨 있을까? 달인까지는 아니라도 나름대로 열심히 살았으니 내 신체 어딘가에도 굳은살이 배겨 있을 것 같다.

몸이 힘들어 만들어진 공이는 아니어도, 지치고 힘든 시간을 견디며 생긴 마음의 공이가 있다. 육체의 변형은 눈으로 확인할 수 있지만, 마음에 내려앉은 공이는 보이지 않으니 누군가에게 인정해달라 하기도 힘든 일이다. 사실은 보이고 싶지 않은 것이 더 많다. 그녀의 손가락 공이만은 못 해도 혼자 두 아이를 키우며 견뎌낸 마음의 굳은살이 있다. 가장 큰 공이는 남편을 사랑했던 시간에 박힌 것일 것이다.

간경화를 앓게 된 남편을 식이요법으로 살려, 요양과 휴식을 위해 자연이 좋다는 몽골로 휴양차 보냈고 그는 돌아오지 않았다. 그곳에서 그는 아주 건강해졌고, 사업도 하게 되었다. 나는 그가 멀리 있어도 그의 마음을 붙잡고 있다는 자신이 있었고 그의 사랑을 맹신했다. 아니 짝사랑이었는지도 모른다.

몸에서 멀어진 부부의 사랑은 종이 인형이었다. 남자의 본능은 이성을 앞지르는 힘이 있었다. 남자의 육체가 발산하는 본능은 더욱 제어가 힘든 자동차였다. 나는 일 년에 두 번쯤 다녀가는 그를 이해하려고 했지만 눈에서 멀어진 그는 우리 아이들과 나를 잊어갔다.

내 아이들은 너무 어렸고 나는 너무 가난했다. 정착되지 않은 직업으로 아이들을 키우는 것은 정말 힘든 일이었다. 경제적인 것보다 사춘기 아이들이 가질 정신적 이탈에 대해 걱정하는 것이 더 어려운 순간이 많았다. 등록금 마감일까지 가슴 조이며 뛰어다니던 일. 카드결제일마다 친구들에게 손 벌리던 시간. 결핵에 걸린 아들을 안고 병원 침대에서 통곡했던 순간을 견디며 이제 그 어두운 터널을 지나왔다.

계살을 다듬느라 만들어진 그녀의 손가락 공이가 부드러운

살이 되긴 어렵지만, 밖으로 드러난 그녀의 공이는 남편의 다정한 손이 어루만져 줄 수 있다. 사는 게 힘들다는 얘기를 풀어놓을 상대가 없어, 아니 하기 싫어서 혼자 삭이며 만든 내 마음의 공이들은 만져줄 수도 지워지기도 힘들다. 그래도 이제 하나씩 짐을 벗으며 자유로워지고 있다. 그녀가 손님들의 찬사에 해맑은 미소로 답하며 고달픈 삶을 위로하듯, 나는 글을 쓰며 마음에 박힌 굳은살을 녹여 내고 있다.

내 보호자는 나

"내 보호자는 나란 말이요. 다른 보호자는 없고 필요도 없소."

팔십은 족히 넘어 보이는 어르신은 진료시간이 끝나 퇴근 준비에 바쁜 간호사실에 대고 큰소리로 같은 말을 하고 있었다.

"자꾸 같은 말씀 드리는데, 그러면 수술을 해드릴 수가 없어요. 사모님이라도 모시고 와서 보호자 동의란에 서명해주셔야 수술이 가능하다구요."

간호사는 벌써 몇 번이나 같은 말을 하지 않았느냐며 이제 진료시간도 끝났으니 댁으로 돌아가시라 하고 안쪽으로 들어가 버렸다.

노인은 대기 의자에 털썩 주저앉으며 두 손으로 머리를 감싸 안았다.

"내가 내 보호자야. 마누라는 다리가 아파 걷지도 못해 데리고 올 수가 없어…. 내가 수술해서 얼른 나아야 마누라 보호자 노릇도 할 수가 있단 말이야."

혼잣말처럼 내뱉는 탄식이 조용한 대기실을 울렸다. 나는 마지막 진료환자였다. 대기실에는 나와 노인만 있어서 노인의 탄식은 내 귓전에 메아리처럼 윙윙거려 자리를 떠날 수가 없었다. 어떤 수술인지 모르겠지만 간호사가 빨리 하지 않으면 안 된다는 말을 했던 것을 보면 간단한 수술은 아닌 듯했

다. 노인을 바라보고 앉았으려니 간호사실 안에서 아까와는 다른 간호사가 뛰어나오며

"어르신 이제 됐어요. 3일이나 전화 연결이 안 되더니 아드님과 이제 통화가 되었네요. 내일 병원으로 와서 동의서 작성한다니 걱정 말고 돌아가셔서 내일 입원 준비하고 오세요."

"나 자식 없어. 누가 내 자식이래, 올 자식이 없다고 그리 말했는데 선생은 거기다 전화를 왜 한 거야?"

노인의 성난 목소리가 다시 커졌다. 나는 노인보다 먼저 진료대기실을 나왔다.

보호자는 어떤 의미일까 생각하게 되었다. 어린아이였을 때는 부모가 나의 보호자가 되어 주었는데 이제 내가 부모의 보호자가 되어야 한다. 병원에서는 왜 보호자 서명이 없으면 수술을 못 해 주는 것일까? 보호자 서명서에는 사망 시 병원의 책임이 없다든가 수술비용에 대한 부담에 관한 것들이 들어있으니 꼭 필요한 절차다.

작년에 허리 수술을 하면서 내 보호자 동의서는 딸이 작성했다. 그래도 딸은 내년이면 마흔이 되는 나이이니 보호자의 역할이 가능하다지만 어떤 드라마에서는 어린 초등학생이 아버지의 수술 동의서에 보호자로 서명하는 것을 본 일이 있다.

요즘엔 독거노인도 많고 자식이 있다 해도 서로 남처럼 사는 경우도 많아 갑자기 부모가 아프다고 네가 와서 내 보호자가 되라 하는 것도 어려운 일이 될 것이다.

양가 부모님을 모시고 병원 갈 일이 많았다. 당연히 해야 할 일이었지만 부모님은 자식과 함께 병원에 가면 더 아프다고 한다. 아니 내가 그렇게 느꼈을 수도 있다. 시어머니는 멀쩡하게 실내에서 잘 걸어 다니다 아들이 오면 바닥에 앉아 엉덩이로 기어 다녔다. 금방 쩡쩡한 목소리로 친구와 30분도 넘게 통화하다가 아들 전화가 오면 다 기어들어 가는 목소리로 짧은 대답만 하곤 했다. 코미디가 따로 없어서 혼자 웃음을 삼키기도 했다.

친정엄마는 어느 날부터 앉고 설 때면 "아 구구구" 소리를 내서 나는 엄마에게 그렇게 소리 내면 좀 덜 아프냐며 구박 아닌 구박을 했는데 이제 나도 어느 순간 입에서 저절로 아이구 소리가 날 때가 있다. 이제 와서 죄송한 마음을 어찌 돌려놓을 방도가 없다.

이렇듯 자식은 지나고 봐야 알게 되는 미물인 것을 어찌하겠냐마는 그래도 부모님의 보호자는 되어 드려야 한다.

병원에서 만난 노인은 어떤 연유로 자식의 전화번호도 안 알려주고 며칠을 병원에서 실랑이했을까. 그 노인은 다음 날 아들을 만나 수술을 했을까?

앞으로는 그런 경우가 더 늘어날 텐데 사회적으로 보호자 제도에 대한 보완이 필요하다는 생각을 했다. 저소득층 1인 가구는 병원 안심 동행이라는 동반제도가 생겼다. 그러나 이용하는 사람의 자격이 까다롭고 길 안내나 병원 접수 정도가 가능한 것이지 보호자를 대신하는 것은 아니다. 자신이 빨리 나아 마누라의 보호자가 되어야 한다던 어르신의 말이 자꾸 되뇌어진다.

효자보다 악처가 낫다고 했듯이 의지할 배우자라도 있으면 행운이다.
독거노인으로 늙어 갈 사람은 어쩌나······.

돈 버는 이유

 코로나 이후 대면 면회가 되지 않지만 요양병원에 있는 엄마를 보러 간다.
 엄마가 좋아하는 간식을 준비해서 병원 주차장에 가서 원무과 직원에게 올려보내고 영상통화를 잠깐 하고 돌아서야 하는 면회이다. 오고 가는 긴 시간에 비하면 채 오 분도 안 되는 짧은 시간이 못내 아쉽고 속상하지만, 그마저 내 위안인 듯해서 엄마에게 미안하다.
 오늘 엄마의 몸 상태는 별로였다. 좋은 날에는 예쁜 우리 큰딸 왔네 하며 좋다고 하는데 오늘은 온몸이 아프다며 몇 마디 말도 하지 않는다.
 허리 수술 후 영 걷지 못하게 된 데다 치매가 심해 침대에 누워 지낸 지도 벌써 6년째다.
 요즘 같으면 돌아서면 방금 한 일도 잊어버리는 치매 환자인 것이 다행이다. 누가 다녀갔는지 뭘 먹었는지 모르고 사니 시간을 견디기에는 좋을 것 같다. 그래도 정말 엄마는 아무 기억도 나지 않을까, 가끔 엄마의 뇌 속이 궁금하기도 하다. 오매불망이던 아버지가 돌아가신 것도 모르고 아예 찾지 않는 것을 보면 기억력이 없어진 것은 사실이다.

 엄마를 보고 올 때마다 병원비 걱정 없이 요양병원에 있을 수 있다는 것에 감사한다.

엄마는 처녀 시절 경찰 생활을 했고 6.25 전쟁 후 지리산 빨치산 토벌에 협조해서 공을 세웠다는 공로로 국가 유공자가 되었다. 그래서 초기에 들어놓은 국민연금과 국가 보조금으로 자신의 병원비를 감당하고 있다. 우리 자식들은 간단한 간식거리나 준비해서 가면 되니 마음이 한결 가볍다. 긴 병에 효자 없다는 말이 있듯이 월 이백이 가까운 병원비를 부담해가며 긴 병을 견뎌낼 효자는 별로 없다. 우리 부모세대가 자기 비용으로 병원비를 조달할 수 있는 사람도 그리 많지 않을 것이다. 보험이 발달하지도 않았고 대학도 우골탑이라 불리던 시절의 사람들이니 무슨 저축이 있어 자신의 노후 병원비를 조달할 수 있겠는가?.
　나라가 부자가 되어 사회보장이 좋아진 것도 고맙고, 엄마가 국가 유공자로 자신의 병원비를 감당하고 있어서 정말 다행이다.

　친구의 어머니는 구순이 넘은 나이에 엉덩이관절이 다쳐 병원에 오래 계시다가 집으로 퇴원을 하셨는데 보행기를 잡고 겨우 보행을 하실 정도인 상태여서 간병인이 필요했다. 간병비가 장난이 아니어서 월 400만 원이나 든다고 하니 일 년이 다 되어가는 지금 간병비와 수술 기타 병원비를 합해 거의 1억이 지출되었다. 당신이 절대 요양병원엔 안 간다고 하시고 효자인 아들이 비용을 감당하며 집에서 모시고 있다. 그러나 그 아들이 지치는 것도 시간문제일 것이다.
　얼마 전 뉴스에서 몸을 다쳐 침상 환자가 된 아버지를 감당하기 어려운 20대 젊은 아들이 아버지를 서서히 굶겨서 죽게 했다고 재판을 받는 것을 보고 안타까운 생각을 했다.

그것은 아버지 스스로 굶은 것일 수도 있을 것이다.

2020년 통계자료에 의하면 서울 시내 가구 수는 약 398만 가구인데 장기요양급여 신청자는 사망자를 제외하고 약 127만 명에 이른다. 이렇게 보면 거의 세 가구 중에 한 집은 요양환자가 있다는 결론이다. 그만큼 많은 가구가 노인 요양비용을 지급하면서 살고 있다는 말이다.

내가 아는 30세의 한 여자는 5년 전에 어머니가 돌아가시고 그 충격으로 뇌출혈로 쓰러진 아버지를 요양병원에 모시고 있는데 두 자매가 열심히 일해 받은 월급으로 아버지 요양병원비 주고 월세 내면 남는 게 없다고 하면서 희망이 안 보인다고 우울해했다. 아버지 부양 이외에는 결혼이나 미래에 대한 어떤 계획도 무의미하다고 했다.

우리나라가 이미 고령사회로 진입했다는 통계를 보며 그 가운데 내가 끼어 있다는 생각을 하니 만감이 서린다. 이제 우리는 인생 말미에 요양병원을 거쳐 가는 것이 정해진 순서가 된 것 같다. 요양비로 일 년에 3000만 원 정도 계산해서 오 년 생각하고 적어도 일억오천만 원은 모아 두어야 한다는 대화를 친구들과 나눈 일이 있다.

물론 정부에서 운영하는 요양원은 그렇게 많은 돈이 들지는 않지만, 요양원은 자신이 움직일 수 있거나 치매나 다른 질병이 있는 환자는 입소가 어렵다. 엄마가 처음 요양 시설로 가게 되었을 때 국립이나 시립 요양원을 알아보기도 했는데 대기자가 많아 언제 순서가 될지도 알 수가 없고, 요양원에서는 아프거나 약이 필요하면 모시고 나가서 치료하고 와야 하는 번거로움도 있다. 엄마처럼 거동이 안 되는 환자를 한 번 모시고 나갔다 오는 데에는 민간구급차 비용이 왕복 20만 원 가까이 필요했다. 조금 비싸더라도 요양병원으로 결정한 이유이기도 하다. 그래서 활동하는 동안에 적어도 내가 쓸 병원비와 간병비는 준비해 두어야겠다는 다짐을 하게 된다. 내 발로 걷고, 내 손으로 먹을 수 있다는 것이 엄마를 볼 때마다 얼마나 중요한 일인지 알기 때문에 오늘도 나는 건강한 나에게 감사한다. 내게 의식이 있다면 그렇게 오래 침대에 누워있고 싶지는 않지만 그건 모르는 일이다.

soul =spirit이 있는 삶을 위해서는 돈, 시간, 건강, 자신만의 문화가 있어야 한다는 말을 듣고 공감하며 멋있는 말이라고 생각했다. 그는 이 네 가지가 필요하지만, 어느 한 가지에 집착하면 안 된다고 했는데 그래도 일단 돈이 있어야 시간이 여유로울 수 있고 자신만의 문화도 가질 수 있을 것 같다. 나는 이제 나 자신을 위해 쓸 수 있는 시간은 있고, 건강도 그런대로 괜찮고 늦게나마 문단에 발을 들여놓고 나만의 문화도 갖추었으니 돈만 해결하면 된다.

살면서 돈이 가장 내 마음대로 안 되는 것이었지만 아직 일할 수 있는 내 사무실이 있으니 희망을 가지고 살아갈 일이다.

두 사람

　오랜만에 친구들과의 저녁 모임을 했는데 술도 한잔하고 비도 살짝 내려 택시를 탔다. 여자 기사님이어서 반갑기도 하고, 예전에 개인택시를 몰던 엄마 생각에 대화를 하게 되었다. 서울 시내에 여자 기사가 열 명도 채 안 되던 시절에 택시 운전을 했던 엄마 얘기를 했더니 이름만 대면 자기가 알 것 같다며 자신이 75년도부터 운전을 해서 40년이 넘었으며 나이가 72세라고 했다. 나이가 그만큼 보이지는 않았는데 꽤 많은 나이라고 생각하며 나도 얼마 지나지 않으면 다른 이들이 꽤 많은 나이라 생각할 것을 상상하니 웃음이 나왔다.

　동안이시네요 했더니 그렇죠? 하며 예쁘게 손질한 손톱도 보여 주었다. 그녀는 쉬는 날이면 드레스를 갖춰 입고 노인들에게 춤을 가르친다고 했다. 사교댄스를 가르치며 또 다른 즐거움으로 살고 있다며 저녁 늦은 시간임에도 그녀는 지친 기색이 없었다. 자기가 젊게 사는 비결은 즐겁게 사는 것이며 춤은 사람을 즐겁고 행복하게 해 준다고 적극적으로 권유했다. 부부가 함께하면 더욱 좋다며 동행한 친구를 남편으로 보고 같이 배우라고 아주 신이 난 목소리로 권해 주었다. 저녁 늦은 시간까지 운전하고 휴일엔 춤과 봉사로 시간을 보내는 그녀를 보니 삶의 에너지가 느껴져서 나도 기분이 좋아졌다.

 다음 날 아침, 출근하려는데 차를 사무실에 두고 온 사실을 잊고 여느 때처럼 점심 저녁 도시락을 들고 주차장을 향하다가 실소를 했다. 건망증은 나날이 심해져서 식사 준비를 하면서 냉장고에 뭔가를 꺼내려다가 냉장고 앞에서 뭘 꺼내려 했는지 싱크대에 와서 도마를 내려다보고서야 다시 냉장고로 가는 일도 다반사가 되어서 혼자서 실실 웃기도 하고 걱정스러움에 가슴이 콩닥거리기도 한다. 책을 읽다가도 한참 읽다 보면 언젠가 읽었던 기억이 나지만 결말은 알 수 없어서 뒷장을 뒤적거려 보기도 한다. 건망증을 원망하며 하는 수 없이 버스정류장으로 향했는데 도착하자마자 내가 탈 버스가 출발하고 있었다. 배차 간격이 더딘 노선이라 또 택시를 타야 했다. 택시에 오르니 담배 냄새가 코를 찔렀다. 잘못 걸렸다 하고 속상했지만 참아야지 어쩔 수 없었다. 운전대에 앉은 노인은 덥수룩한 흰 머리에 늘어진 카디건을 입고 있었다. 어제 만난 여기사가 생각나 나이를 물었더니 72세라 했다.
 같은 나이의 두 모습이 겹쳐져서 이 남자는 어떤 생각을 하며 살고 있을까 하고 궁금해졌다. 그는 재미있는 일도, 먹고 싶은 음식도 없다며 사는 것이 심드렁하다 했다. 건강해서 돈도 벌고 하시는데 왜 재미없다 하시냐 했더니, 70이 넘으니 몸도 아프기 시작하고 먹고 싶은 것이 없으니 가고 싶은데도 없단다. 남자 기사도 40년쯤 기사 일을 했다고 했다.
 같은 일을 하는 같은 나이의 두 사람을 보며 여러 가지 생각을 하게 되었다. 찌든 담배 냄새가 역해서 계속 이야기를 나누고 싶은 마음이 없었다. 두 사람은 같은 일을 하지만 전혀 다른 생각을 가지고 일에 임하고 있었다. 남자 기사는 아마도 생활의 책임을 아직 못 벗어나고 있어 그리 찌들어 있는 것인지도 모른다. 여자 기사는 자신의 수입으로 봉사도 하고 자신을 위해서 쓸 수가 있기에 활기차 있을 것이다. 나의 기우인지는 모르지만 경제적 여유가 주는 삶의 태도는 어쩔 수가 없다는 생각이든다.

 즐겁게 일할 수 있으면 하고 바래본다. 아침에 남의 기분까지 별로로 만드는 남자 기사를 보며 앞으로 그들 나이가 되었을 때의 나의 모습에 대해 생각해 보았다. 백세시대라 외쳐대는 때에 어른들에게는 숨소리도 못 내고 살았고, 이제 자식들에게는 잔소리 한 번 제대로 못 하고 사는 낀 세대의 삶을 살고 있다.
 그래도 난 낀 세대의 억울함보다 이루고 싶은 목표가 많기에 열정적인 여자 기사처럼 살고 싶다. 나를 보는 이에게 피로감을 주지 않으며, 늙어가는 것이 아니라 익어가는 것이라는 어느 유행가 가사처럼 농익은 삶을 보여주며 살아야겠다. 친구들과 술잔을 기울이며 우정에 취해 보기도 하고, 낯선 여행지에서 그리운 이들에게 엽서 한 장을 띄울 수 있는 여유도 가지고 싶다. 생명이 있는 한 매일 빛나는 날이 되도록 나를 갈고 닦아야겠다. 나쁜 냄새 나지 않도록.

본능이라니

 아침방송에서 한 택시기사가 수첩을 책으로 엮어 펴낸 것을 소개했다. 택시를 이용한 사람들이 남긴 낙서를 모아 만든 책으로 다양한 사연들로 인생의 여러 가지 모습을 볼 수 있었다.
 한 모임에서 이 책 얘기를 나누다가 택시기사를 하는 친구에게 그 택시에서는 어떤 이야기가 벌어지는지 재미있는 얘기 좀 들려달라고 졸랐더니 망설이다가 몇 가지를 들려주었다.

 하루는 일흔이 족히 넘어 보이는 한 여자 손님이 택시에 타자마자 청량리로 갑시다 하며
 "내 오늘은 이놈을 잡아 거시기를 떼어버릴 겁니다." 며 식식거렸다. 눈을 동그랗게 뜨고 룸미러를 보니 그녀는 계면쩍게 웃으며 남편이 남자 구실이 시원찮아서 거금 700만 원이나 들여 아랫도리 수술을 해 줬더니 자기는 안 안아주고 때 만난 수캐처럼 온 동네를 쏘다니며 젊은 것들만 찾아다니니 괜히 수술해 줘서 날개를 달아 주었나 보다고 한탄하더란다.

 저녁나절에 호프집 앞에서 머리가 길고 덩치가 큰 남자를 태우게 되었다. 덩치가 있어서 뒷좌석에 앉으면 했는데 기사

옆자리에 앉아 불편했다. 거리가 좀 있어서 손님의 잡담을 들어주는데 자기는 여자로 성전환한 사람이라 했다. 겉으로 봐서는 머리가 긴 것 말고는 영락없는 남자인데 치마처럼 휘둘러 입은 아랫도리를 걷어 올리며 보여주겠다길래 관심 없다며 고개를 돌렸다. 집에 도착한 그는 택시비를 가지러 잠깐 다녀오겠다며 오피스텔로 올라가서 내려올 기미가 없었다. 올라갈 때 눈여겨 봐둔 호실로 가서 벨을 눌러도 나오지 않아 계속 두들기니 나오지도 않고 현관문에 대고 하는 말이 "아저씨. 아까 내가 보여준 것이 오늘 택시비보다 비싸요." 하길래 너무 어이가 없어 경찰에 신고했더니 상습범이었다.

단아한 중년 여인이 잠실에서 택시를 타고 춘천을 가자고 했다. 그녀는 경춘고속도로를 달리는 동안 무심한 얼굴로 창밖을 응시하며 가끔 한숨을 내쉬었다. 별로 급한 일이 있는 것 같지도 않고 춘천의 정확한 위치는 춘천에 도착하면 알려주겠다 해서 그는 앞만 보고 달렸다. 그녀는 춘천으로 가는 동안 "사는 게 재미없을 때는 어떻게 하면 좋아요?" 하며 그를 건너다보기도 했다. "뭐 특별할 게 있나요? 그냥 하루하루 견디며 열심히 사는 거지요." 하는 그의 대답에 그녀는 또 한숨을 쉬었다. 춘천에 도착하자 그녀는 다시 서울로 가자면서 "아저씨는 참 눈치가 없네요." 했다.

얘기를 듣던 우리는 "그녀가 차를 잘못 골랐네, 부처님 가운데 토막인 사람 차를 탔으니 참 억울하겠다. 그래도 그렇지 요석공주를 품은 원효대사도 있는데 한쪽 눈 감고 잠시 놀아주지 잘못했네." 하며 그를 놀려댔다. 잠시 파계하고 다시 참회하지 그것도 인간 구제가 아니냐며 모두 웃었지만 그는 눈을 동그랗게 뜨며 "실내에 설치된 블랙박스는 어쩌고, 그리고 우린 겁이 나서 그런 일 못혀."하며 특유의 느린 말 끝을 흐렸다.

 사람들이 살아가는 동안 여러 가지 모습을 만날 수 있는 택시라는 공간. 잠시 스치는 인연이라고 생각해서 아주 솔직해지거나, 가식 덩어리로 자신을 포장할 수도 있을 것 같은 생각이 들었다. 요양원에서 물리치료사로 일하는 친구가 들려준 얘기는 더욱 충격적이었다. 여든이 훨씬 넘은 부부가 함께 요양원에 기거 중인데 이들은 온종일 서로의 몸을 탐하며 보낸다고 했다.
 증상이 너무 심해 여자는 항상 질염에 시달리고 더군다나 할머니가 남자간호사에게 미소를 보냈다 하여 할아버지가 남자간호사는 절대 그 방 출입을 못 하게 해서 남자간호사가 결국 다른 곳으로 옮길 수밖에 없었다. 병원 종사자들이나 자식들이 그만 좀 하라 말려도 할아버지는 할머니가 너무 좋아한다며 어쩔 수가 없다고 했다.

 친구의 얘기를 들으며 인간의 성에 대한 본능은 언제쯤 사그라질까 궁금해지기도 했다. 식욕, 성욕, 수면욕이 인간의 가장 큰 본능이라는데 식욕이나 수면욕은 나이 들면 어느 정도 줄어드는데 성욕은 사람에 따라 다른 모양이다.
 결혼도 육체적 욕구에서 비롯되는 것 같다. 아직 미혼인 친구가 선을 보고 다른 조건이 다 좋은데 상대방의 모습을 보니 스킨쉽이 될 것 같지 않아 포기했다는 말을 들었다. 상대방의 몸을 열망하고 그것이 합일에 이르는 순간 서로를 위해 다른 모든 것은 포기할 수 있을 것 같은 마음이 생겨야 결혼을 꿈꾸지 않을까 한다. 상대를 처음 볼 때 우리가 느끼는 것은 상대가 가진 생각이나 성격을 알 수 없으니 먼저 눈에 들어오는 외양이 될 테니 말이다. 상대를 향해 열린 몸짓의 언어들이 미래를 열게 하고 그래서 합법적 섹스를 위해 결혼을 서두르게 된다.

요즘 젊은이들이 결혼을 피하는 이유 중에는 자유로운 연애가 가능해서일 수도 있다. 책임은 멀리 있고 쾌락은 가까이 있으니 누가 헌신적 결혼에 의미를 둘까 싶은 생각도 든다. 이렇듯 성욕은 인간의 미래까지도 결정하는 본능이다. 택시 안에서 벌어진 사건들도 육체의 본능에서 비롯된 외로운 사람들의 움직임이었다.

젊은 시절에는 욕망이 우선이었겠지만 나이 들면 정이라는 감정으로 서로를 품으며 살게 된다. 처음 외모의 끌림에서 시작한 관계도 정신적으로 옮겨가며 긴 시간을 함께한다. 그러나 본능은 어쩔 수 없이 육체를 지배한다. 그래서 절제만이 능사가 아니라는 생각도 든다.

하지만, 인간은 정신을 닦아가며 자신을 관리할 수 있는 유일한 동물이니 자신의 본능을 보다 유연하고 이지적인 방법으로 해결해 나가는 해결사가 되어야 하지 않을까 싶다.

부자 행세

"어머 사모님…. 너무 우아하세요." 웬 우아? 후배가 이끄는 대로 어떤 모델하우스를 방문했는데 안내하는 여직원이 내게 보낸 찬사다. 여의도에 아주 퀄리티 높은 레지던스 residence 시설을 분양하는 모델하우스였다.

입구에는 키가 크고 잘생긴 백인 door man이 문을 열어주며 미소를 보내주었다. 일정한 금액 이상 재산세를 내는 사람만 예약할 수 있어서 아무나 못 들어간다는 후배의 귀띔이었다. 그래서 나름 목에 힘을 주고 들어갔는데 카운터에는 늘씬한 미녀들이 안내를 맡아 바쁘게 손님을 응대하고 있었다.

현재 부동산시장은 꽁꽁 얼음판인데 이곳에는 대기하며 브리핑을 기다리는 손님들이 꽤 있었다. 시간 예약제여서 한산한 편이라고 안내하는 팀장이 말해 주었다.

모델하우스 안에도 한 팀씩만 들어가게 되어 있어서 순서를 기다리는 동안 비디오 룸에서 영상으로 상품에 대한 설명과 혜택, 장래 비전에 대해 열띤 설명이 있었다.

강변을 바라보는 57층의 건물이 온 벽을 차지한 거대한 영상으로 나타나자 숨이 확 막혔다.

아름다운 석양을 바라보는 건물 테라스는 유럽의 어느 성에 와 있는 느낌이었다. 세계 어느 곳에 가더라도 이 상품 브랜드는 연결해서 이용 가능하다고 했다.

모델하우스 안으로 이동하여 실내를 돌아보니 특급호텔처럼 꾸며진 실내는 생활하기에 편리하도록 만들어져 있었다. 모두 외국산 자재로 일급 제품이었다. 반짝거리는 수도꼭지, 이탈리아산 대리석 바닥, 영국산 싱크대 등 내가 가져보지 못한 처음 대하는 세상의 제품들이었다.
　실내에는 한강이 바라보이는 풍경을 실크천으로 실사해서 걸어 놓았다. 한강변의 야경이 그림처럼 실내에 들어와 있었다. 건물 준공 후에 실제 이 방에서 볼 수 있는 풍경이라고 했다. 이런 고급스러운 건물에서 한강을 바라보며 눈 뜨고 잠들 수 있으면 어떤 기분일까 하고 눈을 감아 보았다.

　안내하는 여직원은 곁에 바짝 붙어서 어떠시냐 너무 좋지 않으냐 하며 계속 눈치를 살폈다.
　"좋으네요." 대답하며 속으로 '나는 거진데 잘못 짚어서 오늘 하루 헛일하네.' 하며 미안한 생각이 들었다.
　"투자하셔도 좋아요. 수익률도 좋지만 여의도에 이런 건물이 들어설 자리가 없어서 나중에 시세 차익도 엄청날 거예요. 사모님 투자 많이 하신 거 같은데 어디 투자하셨나요?" 하길래 나는 "for being personal" 해 버렸다. 여직원은 머쓱해서 죄송하다며 입을 다물었다. 나의 허세가 먹혔다. 기죽고 싶지는 않고 캐듯이 묻는 여직원이 귀찮기도 했다.
　그날 저녁에 동문회 모임이 있어서 나름 꾸미고 나서서 사모님 행세에 조금은 보탬이 되었다. 겉으로 보기야 돈의 과다를 다 알 수는 없는 일이라 예약 시간을 빼서 우리를 안내한 직원에게 미안한 마음이 들었다. 나를 데리고 간 후배 녀석은 부자들이 선호하는 물건을 봐두기라도 해야 하지 않겠냐며 눈높이라도 높여 보자고 나를 부추긴 것이다.

제일 작은 평수가 22억인데 전용 16평에 땅 지분은 고작 2평이었다. 그런데도 분양 시작한 지 며칠 되지 않아서 50억이 넘는 큰 평수부터 전망이 좋은 35층 이상은 다 팔리고 없었다. 공인중개사인 나는 분양직원이 받았을 수수료 액수가 더 궁금했다.

레지던스는 생활형 숙박 시설로 주택에 포함되지 않는다. 그래서 현재 부동산시장에서는 투자상품으로 인기가 있다. 사업상 장기체류하는 외국인이나, 내국인도 호텔과 달리 주방 시설이 있어 직접 요리가 가능하고 사생활 면에서 레지던스를 선호하는 편이다.
22억짜리 작은 평형의 월 임대료는 1,500만 원을 상회한다고 하지만 특급호텔 수준의 서비스를 누릴 수 있는 것에 비하면 그리 비싸다고도 할 수 없다.
하지만 그들만의 리그라는 생각에 허탈했다. 돈이 인격이라는 요즘 세태에 대해 실감했다. 어느 사회나 차별은 있게 마련이지만 돈으로 갈리는 차별사회는 더욱 극명해서 감히 따라갈 엄두가 나지 않는다. 머리를 굴려 지식을 배워 따라갈 수 있는 일이라면 이를 악물고 해본다지만, 내게 그만한 돈은 복권이 아닌 다음에야 마련될 수 없으니 말이다. 나도 부자가 되고 싶었다. 부자행세를 하고 보니 대접받는다는 기분에 우쭐해졌다. 얇은 원피스를 바람에 움츠리며 출입구까지 배웅 나와 준 여직원을 상대로 갑질한 것 같아 미안한 시간이었다.

흥망성쇠

　우리 동네에는 아파트가 지어질 때부터 생긴 해장국집이 있다.
　거의 20여 년이 되어가는 오랜 점포다. 그 아파트는 길이 끝난 곳에 있어서 아파트 상가에 있는 해장국집은 막다른 길 끄트머리에 자리 잡고 있다.
　4차선 도로의 막다른 길은 자연스럽게 해장국집의 주차장이 되어 그곳에는 항상 여러 대의 택시가 주차되어 있었다. 택시기사들이 주차가 편한 이곳으로 식사를 하러 오기 때문이다. 기사들은 잠깐의 짬을 내어 한 그릇의 따끈한 국밥으로 배를 채우고 식당 앞에 모여 식후 커피를 마시며 동료들끼리 담소를 나누는 모습을 볼 수 있었다. 도시의 끄트머리에서 보는 그 모습은 마치 시골 동네 어귀의 정자나무 밑 풍경처럼 정겹기도 했다.

　술을 좋아하는 후배가 맛이 일품이라며 데리고 간 일이 있어서 나도 두어 번 그 집에서 식사를 한 일이 있다. 30여 평이 되어 보이는 실내는 거의 택시기사들로 가득했다. 선지해장국은 맑은 국물인데 맛이 깔끔했다. 후배가 먹던 양지해장국엔 건더기가 많아 아주 푸짐해 보였다. 후배는 몸을 돌보지 않고 살다가 췌장암으로 2개월의 짧은 투병 생활을 견디다 모두의 곁에서 사라졌다. 시골부호인 정미소집 외아들이었던 그 녀석은 맥없이 인심만 좋아 술친구가 많았다.
 경제 방송에 출연하기도 해서 나름대로 인기도 있었는데 50도 안 된 나이에 총각인 채로 생을 마감했다. 해장국집을 지날 때면 술 좀 줄이라는 내 잔소리에 뒷머리를 긁적이던 그의 멋쩍은 미소가 생각난다….
 3년 전에 해장국집 앞 막다른 길은 신도시로 가는 6차선 도로가 뚫렸다. 길이 뚫리고 처음에는 6차선 도로변 양 옆으로 주차를 하고 택시기사들이 해장국집에서 식사했다. 그러다가 주차위반 딱지를 붙이자 아파트 담벼락 뒤로 숨어 주차하더니 어느 날부터 택시들이 하나둘 없어졌다. 식사하러 왔다가 4만 원짜리 주차 스티커를 붙이면 하루 일당이 사라지는 것이다.

 길이 뚫리고 난 다음에 선짓국을 먹으러 그 집에 가보니 실내에는 냉랭한 기운이 감돌며 단 두 팀이 앉아 있었다. 기분 탓인지 해장국 맛도 예전 같지 않았다. 시름이 서린 식당 주인의 목소리도 기운이 다 빠져 있었다.
 신도시로 가는 길이 생기고 그 길을 따라 신축건물이 지어지면서 길거리는 화려해졌는데 사람의 온기가 사라졌다. 그 많던 기사들은 어디 가서 밥을 먹을까? 잊혀 가는 후배처럼 기사들의 기억에서 그 해장국집도 잊혀 갈 것이다.

 기사들의 잠깐 휴식을 앗아 간 멋지게 뻗은 도로를 보며 괜한 서글픔이 올라왔다.
 그 집 앞을 지나오면서 진정한 발전이란 어떤 것일까 잠시 생각에 잠겼다.

아에이오우

　한달 전에 예약해 둔 병원을 찾아 강남역 계단을 올랐다.
　건물마다 붙어 있는 성형외과 간판 중에서 내가 예약한 병원 간판을 보고 잠시 숨을 가다듬었다. 요즘 마스크를 쓰고 일하다가 잠시 마스크를 내리고 거울을 보면 언젠가부터 입가에 주름이 도드라져 보였다. 입가 주름은 더 깊어지면 심술보처럼 굳어져서 심술 할머니가 될 것 같았다. 내가 하는 일은 많은 사람을 만나야 하는 일이다. 앞으로 10년은 더 일하리라 계획하고 있어서 오랜 시간 고민 끝에 심술보 제거 수술을 고민하게 되었다.
　나에 대한 투자라고 합리화하며 상담이라도 받아보고자 성형외과에 예약하게 된 것이다. 환갑이 넘어 늘어진 쌍꺼풀을 잘라내는 수술을 해보았으니 성형외과가 처음은 아니다. 그때는 늘어진 쌍꺼풀 때문에 땀이 나면 눈으로 들어가서 눈이 너무 불편하고 쓰라려 단행한 수술이지만 결과적으로 조금 젊어 보이게도 되었다. 멋 내기도 좋아하고 외모에 신경을 쓰는 편이라 옷매무시도 가다듬어 보지만 나이 들어가면서 깊어지는 주름 앞에서는 거스를 수 없는 시간을 보게 된다. 받아들이면 된다고 다들 편하게 얘기하지만 마음 속으로는 모두 조금 젊어 보이는 것에 대한 기대는 가지고 있을 것이다. 아침에 출근 준비를 하며 거울 앞에 앉으면 늘어진 살들을 이리 밀어보고 저리 당겨 올리며 실랑이를 하곤 한다. 특히나 입가 주름은 인상을 좋지 않게 만드는 것 같아 더 신경이 쓰였다.

　인터넷을 뒤지다가 자가 진피 재생술이라는 주름 제거 수술 방법에 관한 기사를 보게 되었다. 주름진 부분에 새살이 돋게 해서 그 자리에는 다시 주름이 잡히지 않게 하는 방법이라는 것이었다. 수술 후 회복 시간이나 부작용에 대한 우려가 없다는 기사와 함께 사례자들의 전, 후 사진을 보니 관심이 생겼다.
　가장 좋은 방법은 안면거상술이겠지만 늘어진 피부를 당겨 귀 뒤에서 잘라내고 남은 부분을 꿰매는 수술이라 회복하는 시간과 비용에 대한 부담이 되었다. 또한 실을 피부 속에 넣어 당겨주는 실 리프팅이나 적외선 리프팅 같은 것들은 주위에 해 본 사람들을 보니 시술 후 1년 정도밖에 효과가 없어 반복적인 시술을 해야 하고 많이 아파하기도 했다. 실 리프팅을 하고는 입을 못 벌려 국수를 한 가닥씩 먹는 모습을 보니 아름다워지기가 몹시 어렵다는 것을 느끼기도 했다. 그래서 찾아보던 중에 이 새로운 방법에 관한 관심이 생겨 상담이라도 받아보고자 예약을 하게 된 것이다.

　예약제 운영이어서인지 오전 10시의 병원은 한산했다. 내 앞에 한 청년이 이마에 반창고를 붙이고 수술실에서 나오는 것을 보니 아마도 시술을 받은 모양이었다. 성형외과는 대개는 실장이라는 담당이 사전 상담을 하는데 이 병원은 원장이 직접 상담을 해 주었다. 내 고민을 물어보고 마스크를 벗은 내 얼굴을 들여다보았다. 컴퓨터에 저장된 많은 사람의 수술

전후 사진을 보여주며 자가 진피재생술에 대한 설명을 해 주었다.

자가 진피재생술은 주름이 생긴 진피층에 이산화탄소 가스와 히알루론산을 주입하여 새로운 콜라겐 형성을 하게 하여 이 새롭게 생긴 콜라겐이 새 살이 되어 주름진 부분을 메우게 되는 방법이라고 했다. 그래서 다른 수술에 비해 효과가 지속적이며 수술도 1회 주입에 그쳐 아주 간단한 방법이라고 설명했다. 20~30분 정도면 끝나고 째거나 꿰매는 방법이 아니어서 회복도 이틀이면 주사 주입 부분에 붙인 반창고를 제거하면 그만이라고 했다. 그러나 설명을 들으면서 이상하게 처음에 가졌던 신뢰가 하나씩 없어졌다.

나는 피부에 뭔가를 넣는 방법은 겁이 나서 요즘 들어 쉽게 사용하는 필러에 대해서도 거부감이 있다. 주변에 어떤 여자가 필러가 나오기 전에 얼굴에 실리콘을 넣었는데, 살이 흘러내리고 괴사해서 복원 수술을 여러 번 받는 것을 본 일이 있다. 의사에게 그처럼 가스를 피부에 넣으면 이상 반응이나 괴사 같은 일은 안 생길까요 하고 물었다. 의사는 그건 1/1000 정도의 확률이며 아직 그런 환자는 없었노라며 70대 이후의 노인들도 주름 성형에 많은 관심을 가지고 실행하고 있다고 했다. 자기에게 수술받은 최고령의 환자는 82세 여자 환자였다며 사진을 보여 주었다. 입가 주름과 이마에 수술을 받은 그분은 열살은 족히 젊어 보였다. 그 나이에도 주름에 대해 고민하고 사는구나 하는 생각을 하며 나 역시 적은 나이는 아니지만, 여기에 앉아 있는 것이 당연하다는 위안이 되었다.

의사는 지금 주름이 있는 곳에 재생술로 새 살이 돋더라도 옆 다른 부위에 주름이 생기는 것은 막을 수 없으며 입술 위의 고양이 주름은 자주 움직이는 부분이라 해결 방법이 없다고 했다. 그가 보여 준 사진 속 사람들은 아주 깊은 주름 상태였는데 나는 아직 그 정도는 아니라 의사로서 효과에 대한 입증이 약해 보였는지 상담이 심드렁했다.

의사가 나가고 상담실장이 들어와서 비용을 애기하고 수술 날짜를 잡자고 했다. 입가 주름에 주사 두 방 놔주고 부가세 포함 275만 원이란다. 가슴 한쪽으로 피~ 하는 바람 빠지는 소리가 났다. 짧은 시간의 시술에 지불해야 하는 비용으로는 너무 고액이다. 성형이라는 글자만 붙으면 부르는 게 값이라고 중얼거리며 5000원의 상담료를 내고 밖으로 나왔다.

자가 진피재생술은 2010년 세계 성형 인감 잡지에 소개되며 주사 방법에 대한 특허를 여러 나라가 제출했다고 되어 있기는 하지만 아직 대중적이지도 않은 수술에 대해 그렇게 많은 돈을 주고 얼굴을 맡기고 싶지는 않았다. 입가 주름에 좋다는 아에이오우를 열심히 하며 입가 근육을 움직여 보았다. 좀더 좋은 방법은 없을까.

거리는 코로나19 거리 두기로 휴업 중이거나 폐업한 점포들이 즐비해서 강남이라지만 이전의 활기는 사라지고 휴일 오전의 거리는 스산하기까지 했다. 임대라고 써 붙인 빈 가게들을 보며 세상 고민을 내가 다 할 필요는 없지만, 현재 먹고사는 일을 걱정해야 하는 많은 사람에게 입가 주름에 대해 고민하며 이 거리를 헤매고 있는 내가 미안해졌다. 아에이오우. 아에이오우……

야무

"우리 애는 자궁암이래요. 수술해야 조금 더 살 수 있다는데…. 병원비가 천만 원이나 된다네요." 동네 친구인 그녀는 강아지를 안고 산책을 하는 동안 몹시 우울해했다. 나도 우리 강아지를 안고 같이 산책을 하는 중이었다. 두 마리 다 노령견이 되어 조금 걸으면 안아달라고 낑낑거려서 거의 안고 산책을 해야 했다. 나는 그녀의 강아지를 쓰다듬으며 "어쩜 좋으니…." 하며 "사실 우리 애도 심장이 안 좋아 매일 심장약 먹은 지가 꽤 오래되는데 약값이 여간 부담스럽지 않아요." 하며 우리 강아지를 끌어안았다. 석촌동 고분에는 저녁이면 아이들보다 강아지를 데리고 나온 사람들이 더 많아 보였다. 우리는 잠시 벤치에 앉아 반려견을 키우는 즐거움과 어려움에 관해 얘기하고 각자 자신의 강아지를 어르다가 헤어졌다.

난 강아지를 별로 좋아하지 않았다. 한데 고등학교에 다니는 딸 아이가 집에 돌아오면 아무도 없는 집이 너무 싫어서 우울증 걸릴 것 같다고 졸라대는 바람에 동물병원에서 입양한 수컷이다. 말티즈인 그 아이는 하얀 털에 까만 눈동자가 동그랗게 예뻐서 움직이는 인형 같았다. 태어난 지 20일 된 강아지는 너무 작아서 딸은 두 손 위에 올려놓고 너무 좋아했다. 열여섯 살이 된 우리 강아지 이름은 〈야무〉. 야무지라고 딸아이가 이름을 야무라고 지었다. 나중에 알고 보니 자기가 좋아하는 가수가 키우는 강아지 이름이었다.

늦은 시간에 퇴근해 집안일로 바빠 말 섞을 틈도 없는 엄마를 대신해 야무는 아이들에게 좋은 친구가 되어 주었다. 학교에서 돌아와 혼자 밥 먹는 시간에 앞에서 찡찡대니 누군가 있는 것처럼, 말대답도 하고 먹을 것도 나누며 그렇게 야무도 딸도 잘 지냈다.

야무는 우리에게 참 많은 따스함을 주었다. 나도 점점 야무가 좋아졌고 아이들이 없을 때는 내 친구도 되어 주었다. 혼자 하는 산책길에 강아지를 데리고 나가면 든든하기까지 했다.

아래층 대문 열리는 소리에 우리 식구 발소리를 구별하고 제일 먼저 현관에 나가 식구들을 마중하고, 식구 중 한 사람이라도 안 들어오면 현관에 앉아 기다리곤 했다.

온종일 집을 지키며 외로웠을 텐데 야무는 항상 상냥한 얼굴로 우리를 기다려 주었다.

내 맘에 드는 제일 귀여운 모습은 화장실에 누가 있으면 절대 들어가지 않고 나오라고 낑낑거리며 뱅뱅 돌던 모습이다. 처음에 교육받은 이후에는 화가 나서 하는 화풀이로 쉬하는 것 이외에는 절대 실수하지 않아서 너무 예뻤다.

한 번은 야무를 집에 두고 사료와 물을 채워두고 가족여행을 다녀왔는데 나흘 동안 아무것도 먹지 않고 야위어 있어서 너무 미안했다. 현관에 앉아 우리를 기다렸을 생각을 하니 마음이 아팠다. 그렇게 딸랑거리며 애교스럽던 야무는 이제 심장약을 먹어야 하는 노령견이 되었다.

퇴근해서 저녁을 먹으며 언제나처럼 간식을 챙겨 같이 먹고, 물도 갈아 먹이고 했더니 화장실 볼 일도 깨끗하게 마치고 편한 얼굴로 컴퓨터를 들여다보는 내 발 밑에 누웠다.

메일을 확인하고 목욕을 시킬 예정이어서 잠시만 기다려 하고 컴퓨터를 보고 있었다.

2.3일 전부터 심장약을 절대 안 먹으려고 해서 숨소리가 조금 거칠었는데 어느 순간 숨소리가 조용해서 내려다보니 야무가 이상했다.

섬찟한 느낌에 얼굴을 들여다보니 눈동자가 움직이지 않았다. 팔다리가 늘어져 있었다.

'정말 자는 것처럼 죽었구나, 목욕을 시켰어야 하는데…….'
강아지가 덮고 자던 작은 담요에 야무를 싸고 딸에게 전화를 걸었다. 전화를 받는 목소리가 떨리고 있었다. 강아지가 친구처럼 가지고 놀던 피카추 인형을 같이 옆에 앉히고, 천수경과 무상계를 읽어 주고 야무의 인도환생을 빌었다.

혼자서 강아지 죽는 모습을 보게 되어 가슴이 쿵쾅거렸지만, 생각만큼 섬찟하지는 않았다. 딸은 죽은 야무의 몸에 얼굴을 대고 눈물을 뚝뚝 흘렸다. 누구보다 딸아이를 좋아하던 우리 야무. 딸의 혼자인 시간을 16년이나 지켜 주었던 아이.

장례처리를 위해 병원으로 가는 동안 딸은 야무를 끌어안고 너무도 슬프게 울었다.

나는 며칠 전 야무를 안고 산책하면서 친구와 나누었던 말이 생각났다.

약을 잘 받아먹던 아이가 갑자기 약을 거부하기 시작한 것이 그 산책 날 이후인 것이 너무 마음 아팠다. 약값이 부담스럽다는 내 말에 약을 거부하고 생명을 끊었다고 생각하니 내가 나쁜 사람이 된 듯했다. 딸은 다음 날 사무실에서도 오전 내내 울어서 결국 조퇴를 하고 동물병원에 가서 장례 대기 중인 아이를 다시 보고 싶어 했지만, 의사가 보여주지 않아서 그냥 돌아왔다.

며칠 동안 퇴근하고 현관문을 들어서면서 습관처럼 야무를 불렀다. 그러다가 신발을 신은 채로 잠시 현관에 서 있었다. 그 아이는 이제 우리 곁에 없다는 것을 깨닫고는 허탈해졌다.

가을이 깊어가는 날에 야무는 그렇게 우리 곁을 떠났다. 눈물을 머금고 올려다본 하늘의 구름은 야무의 털처럼 하얗게 포근했다. 딸은 잠자리 곁을 지키던 강아지의 체온을 그리워했지만, 내 머릿속엔 한 달이면 강아지 몫으로 지출하던 약값과 부대비용이 줄어들 생각이 먼저 들었다. 노령견이 되면서 독해지던 냄새가 없어진 것도 나쁘지 않았다.

사는 동안 내 감성은 현실적으로 되어버렸지만, 아무도 없는 집에 들어서면서 나도 강아지의 또각거리던 발소리가 그리웠다.

일하기 싫다고

"이제는 일하기 싫더라."

며칠 전 친구가 내 사무실에 놀러 와서 한 말이다. 베이비붐 시대에 태어난 우리는 이제 사회적으로 정년이 지나 자영업자를 제외하고는 거의 백수가 되었다. 그 친구는 동대문에서 직물 도매상을 오래 했는데 요즘에는 기성복이 발달해서 예전처럼 직물을 직접 사러 오는 일반인은 드물어졌단다. 그렇기도 하지만 이제 직물을 날라주고 자기 가게에 없는 물건을 다른 상회에서 찾아주는 일이 버거워지기도 했다. 동대문시장을 누비며 밤낮없이 일하던 지난 시절을 돌아보니 지금 젊은 사람들은 너무 편해지려는 경향이 있어 조금만 힘들어도 버티지 못하고 그만두는 통에 직원이 3년을 넘기기가 어렵다 했다. 그래서 지금 있는 직원도 그만두려고 하는 것을 자기 가게를 나중에 좋은 조건으로 넘겨주기로 하고 붙잡아 두었단다.

그 친구는 자식에게 유산을 남겨주고 싶지도 않고 자식들도 출가하여 제 나름의 생활을 하고 있으니 부부만의 생활비로 그리 많은 돈이 필요한 것도 아니어서 힘들여 일하고 싶지 않다는 생각이었다. 더군다나 주변에 아픈 친구들이 늘어가는 것을 보며 굳이 건강을 해쳐가며 일하는 것은 더욱 피해야 한다고 했다. 이제는 친구들과 어울려 여행을 다니고 맛있는 음식을 나누며 여유를 가지고 싶다고 했다.

그는 어느 정도의 경제적 안정이 되어서 하는 말이지 우리나라 노년층의 빈곤율은 OECD 국가 중 최상위라고 한다. 일하기 싫어도 밥벌이를 해야 하는 많은 노인이 존재한다는 말이다. 취업인구 분포를 살펴보아도 60대 이상의 취업인구가 2.30대를 추월해 있다. 젊은이들이 찾는 일자리가 부족한 탓도 있겠지만 노년층은 좋은 일자리는 아니더라도 뭔가 일거리에 매달려 있어야 심신의 안정을 가질 수 있는 습성 탓도 있을 것이다. 물론 경제적 안정이 안 되어 있다는 것이 가장 큰 원인이기도 하지만 일이 몸에 밴 우리는 그냥 시간을 보내는 것에 익숙하지 않다.

친구들 중에는 넉넉한 연금으로 생활하는 친구도 있지만, 아파트 경비를 하거나 택배 아르바이트 등으로 경제활동을 이어가고 있기도 하다. 경제적인 안정이 없이도 우리 부모님은 40대 중반에 돈벌이를 끝내고 80대까지 살고 계시니 지금 일을 그만둔다 해도 나는 그들보다 20년이나 더 일한 셈이다. 하지만 지금 우리 시대에는 예전 우리처럼 월급을 봉투째 내미는 자식이 없으므로 일하지 않으면 살 수가 없다.

지난 2020년 우리나라 인구조사 결과를 보다가 친구들끼리 실소하며 기운을 뺀 일이 있는데, 나이별 인구통계를 보니 67세의 인구가 약 32만 명이고 77세는 16만 명이 조금 안되고 87세는 32,000명 정도였다. 앞으로 10년을 살아있을 확률은 50%, 20년을 살 확률은 겨우 10%였다. 친구가 말했듯이 제 발로 걸어 다니며 맛있는 음식을 먹고 즐길 수 있는 날이 그렇게 많이 남아 있지 않다는 것이다. 살아 있을 사람들 속에 내가 있을 경우를 가정하더라도 말이다.

언젠가 명문대학교에서 부모님이 언제까지 살아 있기를 바라느냐는 설문조사를 했는데 가장 많은 답이 63세라고 하는 기사를 본 일이 있다. 그렇듯 오래 사는 일은 자식들에게 별로 달가운 일이 아닐 수도 있다는 생각도 들었다. 물론 나 역시도 6년이 넘도록 요양병원에 계신 엄마의 삶에 대해 별로 기대하는 바가 없으니 말이다.

십 대에 우리는 빨리 어른이 되고 싶어 더디게 가는 시간이 야속했는데 이제는 너무도 빠르게 흐르는 시간에 정신이 없을 정도가 되었다. 나이의 속도만큼 시간이 흐른다는 것에 공감이 되기도 한다.

내가 가진 시간의 양이 어떠하든, 내가 살아 있는 것이 환영을 받든 아니든 지금 나는 살고 있다. 친구가 하는 말처럼 쉬고 싶기도 하고 일하기 싫을 때도 있지만 나는 일해야 한다. 요즘 시대에 자식이 나의 노후를 책임지리라는 기대는 하지 않는 것이 좋다. 그래서 저축이 없는 나는 아직 배고프고 일차적 생존을 위해 일해야 하는 많은 노인 속에 속해 있다. 우리나라 노인 빈곤율에 하나를 더하고 있는 내 처지가 서러울 때도 있지만 아직 건강하게 아침에 눈 뜨고 갈 곳이 있다는 것을 위안으로 삼는다.

다행히 내가 하는 일인 공인중개사는 정년이 없어 나의 공무원 동기들도 아직 현업에 있는 나를 부러워한다. 물론 이 일도 얼마나 더 할 수 있을지 모르지만, 이제는 품위를 지키며 일하는 것에 목표를 두고 있다. 내 건강을 지키며 내 손으로 번 돈으로 친구들에게 술 한잔 사는 재미 또한 좋지 아니한가.

3부
독기를 빼며

독기를 빼며

 아주 긴 장마가 계속되고 있다. 세찬 빗소리에 잠을 깨어 보니 새벽 3시.
 베란다 창을 닫고 습관처럼 핸드폰을 열어보니 어제 늦은 시간에 딸이 남긴 문자가 있었다.

 우리 엄마.
 혼자 오빠랑 나랑 키우느라 너무 힘들었지?
 젊은 나이부터 혼자 살면서 핏덩이 같은 애들 둘 혼자 건사하느라 매일매일 살얼음 위를 걷는 것 같은 불안한 마음이었지? 누구한테 편하게 마음 털어놓을 수도 없고, 힘들게 사는 현실을 들킬까 봐 자신을 드러낼 수도 없고, 사방이 막막하고 우리랑 매일 같이 있어도 속은 누구보다 외로웠을 우리 엄마.
 바쁘고 힘들고 불안한 삶 속에서도 우리한테 그늘이 생길까 걱정하고, 상냥하고 부드럽지는 않았어도 엄마의 방식대로 우리를 사랑했던 시간들이 지금 오빠랑 나를 이렇게 건강하고 행복한 사람으로 만들었어요. 친구 엄마가 학원 끝나는 시간에 같이 집에 데려다 준다고 했을 때 허름하게 사는 꼴을 친구들에게 보이기 싫어 남의 집 앞에서 내려 집에 와서 눈물 흘린 일이 있은 후에 엄마가 매일같이 일하고 와서 늦은 시간에 학원에 데리러 왔던 시간이 기억에 그대로 남아 있어. 하루 종일 힘들었을 텐데도 하루도 빠지지 않고 나의 자존심을 지켜주고 싶었던 그 노력이 엄마의 큰 사랑이었던 것을 잘 기억해요. 그래서 오빠랑 나는 번듯하게 가정을 꾸리고 잘 살고 있는데, 엄마는 여전히 혼자 어렵게 살고 있어서 우리가 잘 사는 모습을 보는 게 다행이다 싶으면서도 왜 나 혼자 고생하고, 내 고생은 끝이 없는지, 이렇게 사는 게 내 탓은 아닌데 왜 나는 누구 하나 수고했다고, 고생했다고 인정해 주는 사람은 없는지, 내 젊은 날의 시간은 어디로 갔는지 인생이 허무해질 것 같아.

　엄마의 희생과 사랑으로 나는 주변 사람의 마음을 더 배려하고 살피는 마음의 여유를 가진 사람으로 자랄 수 있었어. 내가 쌀쌀맞은 성격으로, 엄마가 오빠에게 서운함을 얘기할라치면 오빠한테 그러지 마라, 올케 언니한테 그러지 마라, 엄마한테 매번 잔소리만 하고 타이르는 못된 딸이지만, 우리 엄마의 고생과 희생은 누구보다 잘 알고 보답하려는 마음을 숙제처럼 무겁게 느끼고 있다는 걸 알아줬으면 좋겠어요. 우리 엄마 너무 고생했어요… 사랑해요. 쪽쪽

　가슴이 먹먹했다. 딸의 글을 읽고 또 읽으며 지난 시간이 색 바랜 필름으로 뇌리를 스쳐 갔다. 고장 난 영사기에서 재생되는 영화처럼 지난 시간은 찢어졌다 이어졌다 하며 잠을 앗아 갔다. 30대 중반에 남편은 간 경화를 앓아 직장을 그만 두고 병원을 들락거렸다. 간이 아픈 사람은 약을 먹기가 힘든다. 새벽에 신선초 농장에 가서 싱싱한 신선초를 사서 녹즙을 갈고, 장어 즙을 끓이고 굼벵이와 씨름하면서 식이요법으로 남편의 병을 고쳤다. 그 후에 남편은 공기 좋고 자연

이 좋은 나라를 찾아 외국으로 가서 돌아오지 않았다. 나는 어디든 아이들의 아빠가 살아 있다는 것에 감사하며 모든 것을 인내했다.

아이들이 사춘기가 되었을 때 혹 삐뚤어질까 걱정되던 마음은 경제적 어려움을 해결하는 것보다 더 힘들었다. 하지만 아이들은 착하고 바르게 잘 자라 주었고, 나는 먹고사는 문제를 해결하는데 바빠 옆을 돌아볼 겨를이 없었다. 아빠의 빈자리가 아이들 가슴에 새겼을 공동까지 헤아리지 못했지만 아빠 몫까지 해 보려고 많이 노력했다.

딸이 친구들에게 허름한 모습을 들키고 싶지 않았던 것처럼 나 역시 누구에게도 나를 드러내고 싶지 않았다. 한강 변에 차를 대고 자동차 안에서 혼자 우는 시간은 있었지만 사람들 앞에서는 항상 웃으려 했다. 나를 드러내는 것은 자존심의 문제였고, 자존심을 지키는 것이 내 마지막 힘이었으니까. 그래서 아이들도 자존심을 지키고 살 수 있도록 최선을 다했다.

장맛비에 무너진 흙더미에서, 어미 개가 바라보며 울부짖는 곳을 파헤쳐 그 속에서 네 마리의 강아지를 구출했다는 뉴스를 보며 사람들은 모성의 위대함을 얘기했다. 동물이든 사람이든 엄마는 그렇게 살도록 생각이 만들어져 있는 것 같다. 요즘 엄마들은 많이 변하기도 했지만 내게 아이들은 삶의 첫 번째 과제이며 삶의 목표였다. 행여나 굶기게 될까 봐 걱정도 하고 여름이면 아이들이 좋아하는 수박 한 통을 사서 조금씩 나누어 먹이며 집에 손님이 와도 그 수박은 숨겨 놓고 대접하지 않았다.

그렇게 키운 아이들이 제 몫의 삶을 찾아 떠난 뒤에 빈 둥지 증후군이라는 우울증을 앓으며 허망했는데, 딸이 보낸 이 글이 나의 모든 고뇌를 씻어주었다. 오늘 밤 다시 잠들지 못해도 힘들지 않을 것 같다. 베란다 창으로 여명이 밝아오고 있다.

어느 유명한 여류시인이 강의 중에, 문학을 하는 여성들은 글의 내용이 자식 또는 시집살이가 어떠니 하는 징징거리는 소재가 많아 경계해야 한다는 말을 들었다. 자신은 그런 것을 숨을 참는 것 같은 고통으로 참으며 소재를 찾았다고 했다. 그런 글은 예전 버스에서 쪽지에 사연을 적어 나눠주고 구걸하던 걸인을 생각나게 한다고도 했다. 나 역시 그런 우려로 이 글을 발표하지 않고 있었지만 조금 지나치다는 생각을 했다.

오페라에 대해 한동안 경외심이 있었다. 그런데 그 음악의 가사가 너무도 통속적인 것이 많아 실소할 일이 있다. 결국, 모든 것은 오욕칠정에 휘둘리는 인간의 삶에 관한 이야기이다.

수필의 글감은 자신의 주변과 경험에서 주로 찾게 된다. 그래서 자신을 발가벗기는 일이다. 좀더 안목이 쌓이면 더 넓은 시야의 글을 쓰게 되겠지만, 이 글은 아픈 몸으로 누워 있는 내게 많은 위로가 되었다.

지금껏 독기를 품고 살아왔다. 딸의 글에서 위로를 받으며 몸에서 빠져나가는 독기를 느낀다. 그러면 된 거지….

내 다리 돌려줘

80년 초 봉천동에서 종로구청으로 가는 출근 시간의 버스는 안내양이 엉덩이로 밀어 넣기를 반복해야 출발할 수 있었다. 공무원 발령을 받자마자 서로의 경제적 형편상 오래 기다린 결혼식을 하고 시댁에 살게 되었다. 거의 허니문 베이비가 생겼는데 입덧이 심해 그 만원 버스를 몇 번씩 내렸다 타다 하며 출근을 했다. 점점 불러 지는 배를 안고 타는 만원 버스는 정말 힘들었다. 안내양이 엉덩이로 밀어 넣은 승객을 기사가 좌우로 차를 흔들어 정리했다. 요즘처럼 산모를 위한 자리가 있는 것도 아니어서 흔들리다가 옆 사람의 발을 밟기는 예사였다. 그래도 공무원에게는 1개월의 산후휴가가 있어서 행운으로 여기며 출산을 기다렸다.

출산예정일은 11월 초. 여름휴가를 다녀오니 전보 발령이 나 있었다. 그즈음 종로구청은 입김이 센 동네여서 배경 없는 임산부가 버티기에는 어려웠다. 그렇더라도 출산일을 앞둔 임산부를 산꼭대기 창신동 골짜기 동네로 발령한다는 것은 그만두라는 것이었다. 하지만 발령받은 지 1년이 조금 넘은 때였고 공무원 시험에 합격 못 하면 결혼 승낙을 못 해 주겠다던 친정 부모님과의 약속이 있었는데 그렇게 손을 들 수는 없었다. 가난한 집안의 맏며느리가 되었는데 직장을 그만둔다는 것은 상상할 수도 없었다.

전입 동사무소에서도 배부른 여직원의 전입은 반가운 일이 아니었다. 민원 주임은 드러내 놓고 싫은 내색을 했고, 동장은 나를 투명인간 취급을 하였다. 출산을 앞둔 나에게 제일 힘든 등초본 발급 업무를 맡겼다. 그때는 왜 그렇게 등초본 발급받는 사람이 많았는지 대기 줄이 끊이지 않았다. 거의 종일 서서 등 초본을 복사해 주고 저녁이면 원본을 제자리에 꽂아 넣고 나면 퇴근 시간은 항상 제일 늦었다. 익숙하지도 않은 동료들에게 도와달라거나 힘들다는 내색을 못 했으니 퉁퉁 부은 다리는 완벽해지려는 성격의 부산물이었다.

하루라도 더 아기와 함께하려고 예정일 하루 전까지 근무하고 휴가신청을 했다. 그런데 예정일이 보름이나 지났는데 아이는 밖으로 나올 생각이 없는 것 같았다. 아이는 뱃속에서 축구를 하는지 발차기는 선수여서 얇은 뱃가죽이 불뚝 불뚝 일어섰다. 요즘 산모들처럼 산전 관리를 잘 받아 좋은 기계들로 사정을 살펴 미리 제왕절개라도 했으면 좋았을걸, 동네 작은 산부인과 의사는 태평한 얼굴로 조금 더 기다려보자고 했다. 매일 들르라는 의사의 말을 생각하며 머리를 감는데 배가 쭈그러들며 아프고 이슬이 비쳤다. 시어머니에게 이슬이 비쳤다며 병원에 데려다 달라 했더니 "하늘이 돈짝만 하게 노래져야 애가 나올 거니까 잠깐 다녀오마." 하면서 아침 산책을 가버렸다. 남편은 호텔에 근무했는데 격일제 근무로 전화 연결이 어려웠다. 80년 11월 19일의 일이다. 세상은 40여 년 동안 너무 빨리 변해 버렸다. 사람들 손 안에 모두 전화기를 들고 다니니 말이다. 그때도 나에게 전화가 있었으면 좋았을걸.

일곱 식구가 벅적거리던 집안은 나를 남겨 두고 모두 어디로 갔는지 너무 조용했다. 하기야 천방지축 시동생들이야 있어봤자 별 도움이 될 것 같지도 않았지만, 진통을 참으며 혼자 방안에서 뱅뱅 돌다 보니 무섭기도 하고 사람 소리가 그리웠다. 친정에 전화해봐야 택시 운전을 하는 엄마는 집에 없을 것이어서 아버지라도 혹 계실까 하고 전화를 했다. 그런데 의외로 엄마가 전화를 받아 너무 반가웠다. 집 근처에서 손님이 내려 점심을 먹고 가려고 집에 들렀다는 것이다. 한걸음에 달려온 엄마의 택시를 타고 동네를 내려가고 있는데 시어머니가 골목에서 나왔다. 시어머니도 함께 엄마 택시에 타고 병원으로 갔다.

여의사는 배에 피리처럼 생긴 관을 대고 아이의 심장 소리를 듣다가 얼굴이 하얘져서는 "아이 숨소리가 안 들려요. 어서 큰 병원으로 가보세요." 했다. 하루 전까지도 기다리자던 여의사는 당황한 얼굴로 얼른 큰 병원으로 가라고 재촉을 했다. 다들 어이가 없었지만 일단 다시 큰 병원을 향해 출발하고 친정엄마는 시어머니에게 이런 애를 두고 어디를 돌아다니냐며 핀잔을 주었다. 나는 아무 정신이 없는데 두 엄마는 서로를 책망하고 있었다. 큰 병원으로 가서 진찰을 받는데 의사는 오전에라도 왔으면 하고 혀를 찼다. 의사는 아이가 이미 숨이 끊어진 상태라며 죽은 아이를 꺼내려고 제왕절개 수술은 하지 않는다며 자력으로 낳아야 한다고 했다. 촉진제를 맞고 수술대 위에 눕혀졌다. 11월의 수술실은 냉장고 속 같았다. 아이가 나오는 것을 잘 관찰해야지 아니면 산모도 위험하다며 양 다리를 거꾸로 매달았다. 눈물도 나지 않았다. 동네 의사, 시어머니, 무심한 남편 모두를 원망하며 이를 갈았지만, 나의 무식함이 제일 큰 원인이었다. 수술실에서는 완전히 혼자만의 사투였다. 15시간가량의 긴 고통 끝에 얼어있는 내 몸을 너무도 따뜻하게 스치며 남자아이가 태어났다. "그놈 참 잘 생겼다. 쯧쯧…." 의사의 아쉬움도 잠시 종이상자에 담겨 수술실을 나가는 아이를 보며 정신을 잃었나 보다. 눈을 뜨니 입원실이었고 시어머니, 친정엄마, 남편이 내려다보고 있었다. 아무도 보고 싶지 않았다.

정신이 돌아오자 다리가 너무 아프다는 것을 느꼈다. 거꾸로 매달렸던 다리가 아래로 내려오면서 피가 돌고 신경이 돌아오면서 고통이 시작된 것이다. 산통은 간격이 있어 잠시 쉬는 시간이 있었지만, 다리의 고통은 쉬는 시간도 없이 나를 흔들었다. 차라리 잘라 달라고 소리치며 친정엄마를 괴롭혔다. 다리는 겉은 딱딱하게 굳어 차갑고 속은 칼로 내려긋는 것 같았다. 몽둥이로 내려쳐도 아무 감각이 없었다. 그런 육체적 고통보다 힘든 것은 산부인과 병동 환자라면 누구나 팔목에 차고 있는, 아이 표식의 팔찌가 내게는 없는 것이었다.

젖 몸살로 뜨거워진 몸을 가누기 힘들도록 이가 소리를 내며 부딪치는데 먹여 줄 아이가 없었다. 뱃속에서 고생만 하다 빛도 못 보고 사라진 아이에게 미안해서 꺼이꺼이 울었다. 굳은 얼굴의 시어머니가 차려주는 미역국을 아이도 없이 받아먹기는 어려웠다. 1개월의 출산휴가는 거의 끝나 있어서 도망치듯 출근 준비를 했다. 연말이 다가오는 사무실은 너무 추워서 산후조리를 못한 내 몸은 소리 없이 망가져 갔다.

2년 후에 다시 아이를 가져 미리 날을 잡아 제왕절개를 하였다, 그 아이를 가슴에 안고서야 죽은 아이를 조금 내려놓을 수 있었다. 하지만 망가진 내 오른쪽 다리가 영원히 그 아이를 기억한다. 오른쪽 다리는 가끔 감각이 없어지기도 하고 너무 가려워 송곳으로 찌르기도 하고 속으로 너무 아파서 국수 밀대로 두들겨 패기도 한다. 그렇게 다리가 아플 때면 하늘에 대고 소리치고 싶다. "내 다리 돌려줘…."

병원 유배

현관에 서서 집 안쪽을 둘러보았다. 병원 신세를 가끔 지지만, 입원을 하게 될 때면 다시 돌아오지 못 할지도 모른다는 생각을 하게 된다. 그래서 누구든지 내 집에 들어왔을 때 흐트러지지 않은 모습으로 보여줘야 할 것 같아 구석구석 다시 점검을 하게 된다. 밀린 빨래를 빨아 말리고, 냉장고 속 음식을 정리하고, 청소기를 다시 한번 돌리고, 과일 몇 개는 입원 보따리에 담았다.

환자복을 갈아입자 마자 혈압과 체온을 재고, 내용물이 뭔지도 설명하지 않고 수액을 찔러 넣는 형식적 의식이 진행되었다. 그 수액이 내 환부에 어떤 도움이 되는지 모르겠다. 병원에 입원하는 일이 잦은 나는 그 링거 줄이 오히려 안정을 방해한다는 생각을 하곤 한다. 매일 할당량의 수액을 얼른 맞고 저녁에 팔이 자유롭기 위해 수액의 속도를 살짝 높이기도 한 입원실은 3개의 침대와, 작은 냉장고 하나, 벽에 매달린 TV, 화장실이 달린, 나름 고급 병실이었다. 의료보험 수가에 별도로 7만 원을 더 지불해야 한다지만 3인실로 하기로 했다. 내심 실비보험이나 다른 보험에서 보전 받을 계산을 하고 스스로 유배를 택한 나에게 6인실의 복잡함보다 조금의 평화를 주고 싶었다. 나는 건물 사이로 하늘이 보이는 쪽 침대를 택했다. 미세먼지가 사라진 하늘은 건물 사이로 뭉게구름이 아름다운 모습이었다. 모두 퇴원한 시간에 제일 먼저 자리를 택할 수 있어서 다행이었다.

 병명은 척추의 염좌 및 긴장, 4-5번의 협착. 지난겨울에 얼음판에 미끄러져 6개월이나 한의원과 정형외과를 번갈아 다니며 치료했지만 별 차도가 없이 증세가 더욱 심해졌다. 다니던 정형외과 의사가 아무래도 큰 병원에 가서 MRI를 찍어보는 게 좋겠다고 했다. 지인이 이 방면에 솜씨가 좋다는 의사를 소개해 주어 검사를 하고 바로 시술해야 한다는 결론이 나와 입원하게 된 것이다. MRI를 찍으러 통 속에 들어가는 순간 지난번 메니에르로 쓰러져서 뇌 MRI를 찍었을 때가 생각났다. 다시는 이 통 속에 들어오는 일이 없기를 바랐는데 또 굉음과 함께 내 뼈 마디마디가 잘려서 스캔 되고 있었다. 기계음의 요란한 굉음 속에서 이상하게 세상과 단절된 고요가 느껴졌다. 가족, 친구, 여러 사람들의 얼굴이 까만 어둠 속에서 살아났다.
 아픔의 고통은 본인 몫이다. 요양병원에 오랜 시간 누워 있는 엄마를 보러 갈 때도 나는 그저 지나는 말로 어떠냐고 하는 위안과 약간의 간식을 나누고 시간을 때울 뿐, 엄마의 고통을 제대로 알기는 어렵고, 깊이 알려고도 하지 않는다. 엄마는 오래 누워 있어 모든 근육이 사라져 가고 있어 한쪽 다리가 휘어져 돌아오지 못한다. 그렇게 서서히 엄마의 뼈가 휘어지는 동안에도 나는 병원 침대 끝자리에 걸터앉아 얼굴이나 들여다보다가 되돌아오곤 한다. 그래서 입원하면서 나의 아이들에게 알리지 않았다. 그들이 침대 모서리에 서서 나를 내려다보는 모습이 싫었다. 또한 두 아이들을 데리고 움직일 아들 내외와, 결혼한 지 얼마 되지 않은 사위가 아직 익숙하지도 않은 처가에 많은 시간을 쓰는 것도 탐탁지 않아 서였다.

 시술은 부분마취를 하고 40여 분의 짧은 시간에 끝나는 비교적 간단한 방법이었다. 3명의 의사가 2명은 모니터를 보고 한 사람은 대형 주사기를 들고 내 등뼈 속에 밀어 넣어 이리저리 작업을 했다. '조금 더' '오케이'를 반복하는 그들의 목소리가 멀리서 들리는 메아리 같았다. 엎드린 뒤통수에 울리는 그 소리들은 차가운 냉방을 한 수술실에서 더욱 나를 소름돋게 해서 차라리 전신 마취가 좋을 듯했다. 수술실까지 침대로 이동해야 할 만큼 안 좋았는데 시술 후 3시간 정도 바르게 누워 있다가 일어서니 거짓말처럼 허리도 다리도 멀쩡해졌다. 조금 전까지 발가락까지 꼬여서 걷기 힘들던 내가 거짓말 같았다. 다른 사람이 보면 왜 병원에 있는지 그야말로 나이롱 환자가 되었다. 어떻든 주말을 이용해 4일간의 휴가를 얻은 셈이다. 일도 가족도 다 잊은 채 지나기로 했다. 주사 꽂은 손은 내려놓으라는 간호사의 핀잔을 들으며 장편소설 한 권도 읽고, 태블릿으로 유튜브에서 세상 구경도 했다. 집에서도 사무실에서도 사실 혼자인 시간이 대부분인데 병원에 누워 혼자가 되니 조금 우울하기도 했다. 하지만 앞으로 많은 시간 혼자로 살아내야 하는 순간들을 위해 강해져야 했다.
 입원한 환자 중 한 사람은 30 초반으로 아이돌 가수의 메니저라 했다. 6개월 동안 하루도 쉬지 못해 백혈구 수치가 과하게 오르고 온몸이 불덩이가 되어 입원해서 3일 내내 잠만 잤다. 앞 침대에 내 뒤를 따라 입원한 여자는 나와 같은 연령대로 비슷한 증상으로 입원하였다 . 그녀는 허리병은 나이 들어가는 것의 필수 과정이라며 나를 건너다보며 너스레를 떨었다. 많이 쓰인 관절들의 반란을 통증으로 읽으며 살살 달래주어야 할 것 같다. 위중한 병이 아니면 4,5일 정도의 입원은 여행과는 또 다른, 나를 돌아보기에 좋은 시간이 될 수도 있겠다. 아픈 환자들을 보며 건강에 대한 경각심을 깨운 휴식의 시간이었다.

봄날의 외출

 일요일 아침, 늦은 밥상을 치우고 대청소를 시작했다. 간절기여서 겨울옷과 봄옷이 뒤섞여 걸린 옷걸이는 2단이었지만, 빽빽해서 숨이 가빴다. 오르내림이 고장 난 블라인드 커튼은 창의 절반쯤에서 멈추어 빛을 차단하고 있었다. 고장 난 침대를 버리고 방 한쪽에 깔아두었던 이부자리가 더워 보였다. 날씨가 더워지면서 좁은 집안은 더욱 옹색해 보였다. 창을 열고 먼지떨이로 창틀의 먼지부터 털어 보지만, 어디에서부터 정리해야 할지 기운이 없어졌다. 장을 열어보면 그곳이 어수선했고, 주방으로 나오면 싱크대 안쪽에 쌓인 기름때가 책망의 눈빛으로 발목을 잡았다. 아직 한 번쯤 추위가 더 남아있을 거야 하며, 장롱문을 닫고 돌아서는 내게 아들이 다 덮어두고 바다를 보러 가자고 했다.

 바다!! 가슴이 출렁거려 왔다. 이 낡은 방에서 탈출하고 싶었다. 냉장고를 뒤져 과일을 씻고, 쥐포도 굽고, 그렇게 흥흥거리며 소풍 가방을 쌌다. 며칠 전부터 여행 타령을 하면서도 선뜻 나서지 못하는 나를 보고 아들아이가 제안한 것이다. 오후 2시가 넘은 시간이어서 고속도로는 한가했다. 나와 아들, 딸, 그리고 애완견까지 대동하고 나서니 꽤 멀리 가는 가족여행 같았다. 고속도로 양 옆으로 스쳐 가는 풍경은 이제 막 색칠을 시작한 수채화처럼 연한 빛이었다. 진달래, 개나리, 움트기 시작한 버드나무의 잎사귀들이 땅의 초록과 어우러져 풋풋한 향내로 다가왔다.

아들, 딸이 교대로 운전하는 차를 타다니, 세월의 빠름 앞에서 고달픈 삶도 투정인 것 같다. 애완견도 즐거움에 헉헉대다가 주저앉고, 차창 뒤쪽으로 해가 지고 있었다. 서해로 갔으면 멋진 일몰을 볼 수 있었는데, 바다 하면 역시 동해가 먼저 떠올라 경포를 향해 달리다 보니 붉은 해가 자동차 뒤 꽁무니를 따라왔다. 강릉시내를 지나 경포대로 가는 길은 가로수로 심은 벚꽃이 한창이었다. 경포호수에 일렁이는 윤슬을 보며 중간에 차를 세웠다. "여기가 바다야?" 하고 묻는 딸의 질문에 실소하며 경포에는 달이 다섯이라는 시조를 들려주었다. 거울처럼 맑다고 하여 경포라 이름 지었다지만, 물은 예전처럼 맑지는 않았다. 하지만 호수 주변으로 심어진 벚나무에 꽃이 한창이라 지난가을에 자란 억새와 어우러져 아름다운 풍경을 만들고 있었다. 벚꽃 사이를 올려다보니 원색의 전구가 달려서 아이들은 너무 촌스럽다며 박장대소 했다. 서울에서는 간접조명으로 벚꽃을 비추는데 빨갛고 파란 등을 달아 오색 등을 밝히는 모양을 보니 70년대 네온사인이 생각났다. 가로수 꽃길을 따라 바다로 이어지는 길을 걸었다.

아직 해가 남아 있었지만 바다에 서니 조금 추웠다. 아들은 철들어 처음 바다를 본다고 했다. 어려서 데리고 다니며 보여 준 바다는 그 애의 기억에 남아 있지 않았다.
"정말 끝이 없구나!" 하며 바다를 향해 서 있는 아들의 옆 모습에서 언뜻 지나간 이별의 냄새가 났다. 모래밭을 걸으며 신발 속으로 들어오는 모래가 싫었다. 맨발로 걸어보려다가 아직은 차가운 감촉에 용기가 나지 않았다. 사막의 모래를 걷는 느낌은 어떤 것일까? 이 짧은 해변의 모래도 걷기에 힘이 들지만 가까이 보이는 바다를 향한 기대 때문에 참아내는 것인데, 사막에서는 끝이 보이지 않는 모래벌판에서 어떤 희망의 끈을 잡고 한발 한발 내디디는 것일까 하고 생각했다. 끝이 보이지 않는 삶의 문제들 속에서 사막 같은 답답함을 파도에 털어버리고 싶었다.

포말로 부서져 오는 저 바다처럼 지치지 않는 힘을 갖고 싶었다. 사막 같은 세상에서 쓰러지려는 순간마다 자신을 추스르며 일어섰지만, 오아시스는 너무 멀리 있는 것 같다. 고단한 자신의 삶을 내보이기 싫어서 사람들과의 관계를 깊이 있게 하지 못하고 마치 진열장의 도자기처럼 살아온 시간을 돌아보았다. 손으로 만져지지 않는 거리를 두고 최대한 미끈한 자태와 색으로 포장하며 살아오긴 했지만, 누구도 유리 상자를 깨고 도자기를 안고 싶어 하지는 않았다.

저녁을 먹고 다시 가 본 밤바다의 음습함과 공포스러움처럼 이제 사는 게 두려워진다. 사람 속에서 위안받으며 살고 싶다는 생각 속에 빠져 있는데 아이들의 밝은 목소리가 상념을 깨뜨렸다. 양 옆에서 내게 온기를 나누어주는 이 아이들이 지금까지의 내 삶을 알차게 했듯이 앞으로도 많은 기쁨이 되어주리라 믿는다. 밤이 깊어 가고 가로수 벚꽃 길에는 빨갛고 파랗고 노란 오색 등이 밤바다로 이어지는 길을 더욱 환하게 밝히고 있었다. 자동차의 점멸등과 함께 나름대로 아름다운 밤길이었다.

 돌아오는 길엔 비가 내렸다. 오전엔 햇살이 좋았는데 하루 동안의 날씨도 이렇게 변화가 많은데 한평생 겪어야 하는 굴곡이 얼마나 많을 것인지, 내 아이들이 그러한 변화들에 의연할 수 있으면 좋겠다. 또한 진열장의 도자기 같은 삶이 아니라 항아리처럼 모든 것을 품어안을 수 있는 삶을 살았으면 좋겠다. 대게로 먹은 저녁이 부실했는지 아이들이 순댓국을 먹자고 했다. 맛나게 순댓국을 먹는 아이들을 보며 내 목젖 밑으로 뜨거운 것이 흘러내렸다. 새로운 날의 새벽에 낡은 방을 향해가는 계단을 오르며 아이들의 뒷모습에서 희망을 꿈꾼다.

 사진을 정리하다가 아이들과 함께 살던 10여 년 전 어느 날의 기록이 남아 있는 글을 보았다. 이제 그 아이들은 둘 다 결혼을 해서 내게 체온을 나누어 주지는 않지만 언제나 내게 희망이던 아이들이다. 내 곁을 떠나서 나름의 삶을 잘 살고 있고 나도 조금씩 나아지는 삶을 살고 있으니 그것으로 충분하다. 아이들과의 추억에 가슴 따뜻해진 순간이었다.

다리를 다쳤다

목요일에 있는 글쓰기 수업에 가기 위해 전철을 놓치지 않으려고 계단을 뛰어내려가다가 무릎이 꺾이면서 눈에서 별이 쏟아졌다.
다행히 전철을 타긴 했는데 다리가 휘어진 것인지 발을 디디기가 힘들었다. 일주일 전부터 왼쪽 다리가 조금 심상찮기는 했지만 이렇게 발걸음이 꼬여 사달이 날 줄은 몰랐다.

사무실을 닫아 놓고 참석하는 것이라 항상 시간에 쫓겨 이런 일이 있을 줄 알았다. 수업 후의 차담에는 한 번도 참석하지 못했다. 연령대가 많은 편인데, 한 시간의 수업이지만 다들 반짝이는 눈을 보면 나이는 숫자에 불과하다는 것을 실감하곤 한다. 개개인을 돌아보면 글을 쓰면서 음악을 하고, 그림을 그리고, 잡지 편집도 하고, 독서 모임을 운영하기도 하니 모두 능력자들이다.
교수님의 부드러운 품성을 닮아서인지 사람들이 부드럽다. 나는 스터디에 참가한 지 3개월 조금 넘은 신입이라 아직 모든 게 낯설다. 하지만 문우들의 격려가 많아 재미있게 수업에 참여하고 있다.

오늘 무릎 다친 나를 걱정해 주는 모습을 보고 더욱 그네들의 따스함을 느꼈다.

교수님은 진통제와 파스를 건네 주었고, 한 문우는 화장실까지 따라와 자신의 신발이 푹신하고 부드러우니 바꾸어 신자고도 했다. 수업이 끝나고 점심까지 대접받고 돌아와 일찍 퇴근하고 누웠는데 전화가 오기 시작했다.

교수님이 어떤지 걱정이라며 전화해보라고 했다는 선배님의 전화.

병원에 다녀왔느냐는 문우의 전화.

저녁은 잘 챙겨 먹었느냐는 다른 사람의 전화에 가슴이 울컥했다. 내 울타리 안으로 누군가 들어서는 것을 부단히 막고 사는 나에게 문우들의 걱정은 참으로 따스했다.

다리를 다치긴 했지만, 사람들의 따스한 마음을 얻어서 행복했다.

단톡방에서 또 다른 문우 한 사람이 무릎 수술을 위해 병원에 입원해 있는 것을 걱정하는 글을 읽으며 나는 쑥스러워서 길게 말하지 못했다. 그리고 그네들의 걱정이 단지 인사치레려니 하고 지나쳤다. 그런데 오늘 내가 겪어 보니 사람의 진심을 곡해하고 있었구나 하고 심히 부끄러워졌다. 10년 이상 글쓰기 반에 몸담은 이들도 많다니 그네들의 우정이 어떻게 굳어졌는지 알 것 같았다. 물론 다 같은 마음은 아닐지라도 이렇게 서로를 걱정하고 행동한다는 것이 쉽지 않은 세상이다.

오래 만난다고 모두 우정이 쌓이는 것은 아니지만, 오늘 그네들의 걱정을 받으며 그 진정성이 오래도록 반을 이끌어 가는 힘인 것 같았다.

나의 방어적 배타성을 반성하며 타인을 조금 더 진정성 있게 바라보는 연습을 해야 할 것 같았다. 사람들에게 다가가려는 노력도 해야겠다는 생각을 하며 따스한 하루를 접었다.

교수님을 비롯한 걱정해 주신 여러분 감사합니다.

낀 세대

 일요일, 나는 여느 때처럼 요양원에 있는 엄마를 보러 갔다. 엄마는 이른 시간에 목욕을 해서인지 미열이 있었다. 손을 떨면서 이를 소리가 나게 부딪혔는데 손은 평소에도 떠는 편이라 그런가 보다 하고 간식을 챙겨 먹이고 좋아하는 노래를 들려주고 있는데 묻는 말에 대답은 하던 엄마가 어제는 도통 대답이 없이 이만 갈았다. 소리가 너무 거슬려 간호사실에 문의하니 마우스피스를 끼워야 할 것 같다고 했다. 누워 있은 지 오래되어 근육이 다 없어져서 이제 한쪽 다리는 휘어져 펴지지도 않고 자신이 어디가 아파도 의사 표현도 제대로 하지 못한다. 길게 시간을 가지고 하루쯤은 옆에 있어야겠다고 생각을 하면서도 일요일 하루 그렇게 시간 내기가 잘 안된다. 열 때문에 추워서 이가 떨리는 것 같아 해열제를 먹이고 잠드는 것을 보고 병원을 나왔다.

 다음 날이 큰손자 생일이어서 저녁이라도 같이 먹고 아이스크림케이크를 사줄 요량으로 병원을 나와 아들 집이 있는 일산으로 향했다. 일산 가는 길은 휴일 드라이브를 즐기는 사람들 때문인지 생각보다 교통량이 많았다. 아들 집 아파트 주차장에 주차하고 2층을 올려다보니 손자 두 놈의 목소리가 경쾌하다. 6살, 4살 두 형제는 손이 맞아 장난기가 이만저만이 아니다. 아들은 내가 저를 키울 때 너무 엄하게 키워 자신의 아이들은 자유분방하게 키우겠다며 사실은 조금 버릇 없이 키우고 있었는데 요즘 젊은 부모들의 가치관이 그러니 나무랄 수도 없다. 내가 저녁을 사 주려 했는데 아들이 저녁을 사고 나는 아이들에게 좋아하는 아이스크림만 사 주고 생일 케이크를 대신했다. 비싼 장난감을 사 주면 좋아하겠지만 그럴 수 없어 속상하기도 했다. 저녁을 먹으러 가는 길에 초록이 무성한 산책로를 따라 두 아이를 데리고 천천히 걷는 젊은 부부의 모습은 보기 좋았다. 하지만 나는 뒤에서 그들의 모습을 보며 큰손자가 하던 말이 자꾸 되살아나서 기분이 언짢았다.

"할머니는 애들을 안 키워봐서 몰라" 장난감 퍼즐을 맞추다가 큰놈이 내뱉은 말인데 제 아빠 어투 그대로였다. 언젠가 아들이 "어머니는 언제부터 우리를 키웠어요?" 하고 물었던 기억이 나서 아이들 듣는데서 아들 부부가 나를 빗대어서 했을 대화가 그려졌다. 시어머니가 입이 닳도록 자신이 아들을 키웠다고 말했으니 아들은 내가 자기를 안 키운 줄 알고 있는 것 같다. 나는 아이들을 안 키운 것은 아니고 한동안 제대로 못 키웠다.

결혼하고 시댁에 같이 살면서 아이 둘을 낳았고 나는 공무원으로 직장을 다녔다. 시부모, 시동생 셋, 우리 부부, 아이들 이렇게 9식구가 한집에 살았다. 아침 식사는 내가 준비했고 저녁은 어머니가 준비해 놓으면 내가 마무리하고 아이들 빨래와 청소를 하면 저녁 10시가 기본이었다. 아이를 데리고 자면서 새벽 5시에 일어나 아침 준비를 하는 것은 잠이 많은 젊은 날에 결코 쉬운 일은 아니었다. 아들은 특히 밤에 울고, 보채고, 먹고, 싸고 정말 분 단위로 챙겨야 했다. 한 번 울면 2시간씩 우는 일도 많았는데 업고 있으면 자다가도 살짝 엎드리면 깨어 울어서 서서 옷장을 붙들고 졸다가 다리가 꺾이면 소스라쳐 깨곤 했다. 그렇게 밤을 새워도 시어머니는 절대 아침밥 하는 나를 도와주는 일이 없었다. 자신과 시아버지가 마실 커피를 끓여 방으로 들어가면 시동생들과 씨름하며 아침상을 물리고 두 분이 드실 밥상을 차려놓고 "다녀오겠습니다" 할 때까지 방문을 여는 일이 없었다. 빨갛게 충혈된 눈으로 기다시피 밥을 하고 도시락을 챙겨 출근하면 잠시 휴식이 될 수도 있었다. 한달에 한 번 있는 새마을 청소 날은 출근 시간이 빨라서 아침 식사를 빼먹고 나올 수 있는 유일한 날이기도 했다. 직장에서나 집에서 내가 맡은 일을 소홀히 해보지도 않았고 종일 민원인과 시달리다가 집에 돌아오면 또다시 집안 일이 기다리고 있는, 참으로 고단한 시간이었다. 결국, 스트레스가 심해 천식을 앓게 되었고 한 번 시작하면 위액의 노란 물을 토해 내고 나서야 그치는 지독한 기침 때문에 입원과 퇴원을 반복하다가 직장을 그만두고 퇴직금으로 전셋집을 얻어 분가하게 되었다. 남편이 따라오지 않아도 좋다고 생각했는데 그는 나를 따라왔고, 남편 월급의 반이 시댁으로 갔다. 하지만 시어머니 처지에서는 온전한 아들 월급의 반이 없어진 일이니 속상했을 것이다. 분가할 당시 아들은 5살, 딸은 2살. 지금의 내 손자들보다 어린 나이였다. 월급의 반을 잘라 보내고 나머지 얼마 안 되는 돈으로 생활한다는 것은 내 월급으로 아이들 양육을 모두 해결하던 나에겐 모진 고통이었다. 돈이 없어 반찬이 시원찮으면 남편은 왜 돈이 없냐며 싫은 내색을 했다. 결혼하고 남편 월급으로 처음 살아보는 나로서는 자존심 상하는 말이기도 했지만 그래도 아이들과 같이 종일 보낼 수 있어서 행복했다.

그마저도 얼마 지나지 않아 남편은 모태 감염의 간염이 악화하여 간 경화로 진행되면서 모든 일을 접었고 요양차 아주 공기 좋은 나라로 가서 눌러앉아 버렸다. 혼자 사춘기 아이들을 키우는 일은 경제적 어려움을 떠나 힘든 일이었다. 제철 과일을 값을 안 보고 살 수 있기를 희망하며 아이들에게 항상 미안한 마음으로 최선을 다했다. 내가 친정엄마와 시어머니에게서 느끼지 못한 엄마에 대한 다정한 그리움 때문에 우리 아이들에게는 정말 따뜻하고 그리운 엄마가 돼 주고 싶었다. 세상 살기 팍팍할 때 찾아와 곁에 잠시 누웠다 가고 싶은 그런 그리운 엄마가 되고 싶었는데 그 목표는 나 혼자의 꿈이었나 보다. 요양차 외국에 머물면서 작은 사업을 시작한 남편 대신에 두 사람 몫의 부모 노릇을 딴에는 열심히 했다. 그러나 베풀어 줄 것이 많지 않은 엄마는 그리 그리운 존재가 되지 못한다는 것을 아들을 결혼시키고 절실히 깨달았다.

아들은 언젠가 내게 독박육아로 아내가 얼마나 힘든지에 대해 얘기했다. 부모가 일찍 돌아가신 며느리는 대신 언니가 둘이 있어서 많은 도움을 받고 있었다. 나는 남편이 벌어다 주는 돈으로 아이들만 키우는 것이 무에 그리 힘든지, 사실 돈도 벌어야 했고 아이들도 키워야 했던 나로서는 이해가 안 되었다. 영화 보러도 가고 싶고, 둘만의 데이트도 하고 싶은데 장인 장모도 없는 자기들은 아무도 애 봐줄 사람이 없다고 불평이었다. 너무 어이가 없었다. 아이들 키우면서 대식구에 집안 치다꺼리가 많아 자식들 한 번 제대로 안아주지도 못한 나로서는 호사스러운 주문이었다. 하지만 어제처럼 집사는 문제로 돈 계산을 하며 고민하는 아들 앞에서 나는 또 작아지고 말았다. 보태줄 수 없는 형편인 내가 싫었다. 며느리와의 살뜰한 대화는 아직 어려운 것 같다. 처음엔 이렇게 저렇게 시도도 해 봤지만 이제 그도 나도 포기한 상태인 듯 조용히 지내는 것이 아들을 위해 좋다고 생각한다. 우리 세대를 낀 세대라 한다. 부모를 섬기는 마지막 세대. 자식으로부터 외면당하는 첫 세대. 낀 세대의 부모가 되어 내가 살았던 지난 일들을 들춰 낸다는 것은 어리석은 일이지만 내가 자식도 안 키운 엄마로 기억된다는 것은 억울하다. 집으로 돌아오는 자동차 안에서 자주 듣던 명성황후를 아주 크게 틀었다. 나 살다간 이유…. 노래를 따라 부르다 보니 한강 다리 위에 뜬 달이 눈물에 젖었다.

분홍빛 코트

 그녀가 좋아하는 레이스가 달린 모자를 씌우고. 환자복 위에 연분홍 색깔의 긴 코트를 입혔다. 남자처럼 짧게 깎인 머리가 모자 속에 감추어져서 휠체어에 앉은 모습이 정갈해 보인다.
 그녀는 희미한 미소를 띠며 큰딸이 꾸며 주는 대로 몸을 맡기고 있었다. 몇 년째 병실 침대에 누워 있다가 바깥나들이를 하려니 근육이 점점 없어져 가는 다리는 더 흔들거렸다.
 그녀는 증손자까지 몰려와 휠체어 탄 그녀 곁에서 개구쟁이 표정으로 바라보는 것을 보고 있자니 무슨 일인지 궁금했다.
 "엄마, 우리 오늘 소풍 가는 거야, 엄마가 가고 싶다던 길상사도 가 보고 맛있는 것도 먹자." 큰딸은 코트 깃을 올려 세워서 환자복이 안 보이게 앞섶을 여며 주었다.
 그녀는 자식들과 손자들에 증손자까지 모두 모인 모습이 생경했지만, 이른 봄날의 나들이에 하늘을 나는 새가 된 것 같았다. 병실 창에서 보던 작은 하늘이 아니라 높고 넓은 하늘이 그녀의 머리 위로 맑고 푸르게 빛나고 있었다. 그녀를 태운 자동차 뒤로 자동차 세 대가 행렬을 지어 따르는 것을 보니 자신이 예전에 꿈꾸던 고향으로 가는 금의환향 행렬만 같다.

차창에 어리는 자신의 모습도 맘에 들었다. 몇 년을 환자복 하나로 버텨 온 모습이 싫었는데 비록 다 갈아입지는 못했지만, 환자복이 가려진 자신의 모습에서 아이들이 용돈을 주면 남대문 시장으로 달려가 옷가게를 돌아다니던 때가 생각났다.

그녀는 예전 일은 생생하게 기억하는데 오늘 했던 일은 내일이면 까마득해지는 치매 환자다.
요즘 들어서는 그나마 예전 기억도 가물가물해지고 있어 하고 싶은 말도 할 수 없을 때가 많다. 거기에 더해 세 번이나 수술한 허리 때문에 걸을 수도, 혼자서 화장실을 갈 수도 없는 침상환자다. 요양병원에 온 지도 언제인지 그냥 밥 주면 먹고 어두워지면 잠드는 시간의 연속인 날들이다. 처음에 요양병원에 왔을 때는 모든 게 낯설고 속상해서 간병인과도 싸우고 의사, 간호사와도 언쟁을 해서 사나운 환자로 요주의 인물이었는데 이제는 매일 먹는 신경안정제 탓인지 얌전한 할머니가 되었다.
일요일이면 가끔 면회 오던 자식들도 해가 갈수록 뜸해지고 매일 와서 간식을 먹여 주던 남편도 언제부터인지 보이지 않는 것을 보니 이 세상 사람이 아닌 것 같다는 생각을 했다.
세상에서 제일 멋진 남자로 알고 좋아하던 남편 곁으로 가고 싶은데 뜻대로 되지 않는다. 그녀 기억이 그대로라면 하루도 남편을 못 보고는 안 될 텐데 그나마 기억력이 없어진 것이 오히려 다행이다. 병원 침대에 누워 보내는 하루는 정말 지루하다. 여섯 명이 함께 생활하는 병실이지만 정신이 제대로 된 사람은 입구 쪽에 있는 여자 한 사람뿐이다. 그녀는 자궁암 수술 후 돌봐 줄 가족이 없어 요양병원에 입원한 오십 대의 독신녀이다. 서로 멍한 시선이 허공에서 부딪치지만 모두 표정에 변동이 없다. 간병인이 가끔 환자들의 기저귀를 갈며 채근하는 소리만이 병실을 살아 있게 한다. 병실은 방향제를 뿌리고 소독도 자주 하지만 지린내가 떠돌고 환자들이 내뿜는 거친 숨에서 나는 텁텁한 냄새로 가득하다. 하지만 밖에서 들어오는 사람들이나 역하게 느끼는 것이지 그 속에서 생활하는 사람들은 이미 젖어버려서 별 느낌이 없다.

그녀는 창 밖을 보며 길가를 지나는 사람들의 활기찬 모습에 가슴 속으로 무언지 모를 물줄기가 흐르는 것을 느꼈다. 힘들게 살아온 날들이 오히려 찬란한 시간이었다는 생각이 든다.

아이 넷을 키우며 쫓기듯 살던 지난 시간이 차의 속도만큼 그녀 뇌리를 스쳐 간다. 목욕탕 갈 돈을 아끼기 위해 좁은 부엌에 빨간 고무통을 들여 놓고 물을 데워 차례로 넷을 씻기고 나면 기진맥진했지만 깨끗해진 아이들을 바라보며 기운을 차리던 젊은 날부터, 가난한 집 장남에게 시집간다는 큰 딸을 반대하다가 결국은 결혼시키며 식장에서 눈물 흘리던 남편의 모습도 생각났다. 동해로 갔던 남편의 여든 살 생일, 겨울이었지만 마음이 따뜻했던 행복한 날이었다. 개인택시를 끌고 누비던 저 도로를 딸이 모는 자가용을 타고 달리다 보니 새삼 시간의 흐름에 도리질이 쳐진다.

"엄마, 내리자." 큰딸이 차를 세우자마자 손녀사위가 달려와 휠체어를 펴고, 증손자가 서로 밀어보겠다고 실랑이를 하는 모습이 귀엽다. 오랜만에 다시 오는 길상사. 삶이 버겁고 어려울 때면 부처님 앞에 엎드려 울기도 많이 했는데 이제 편히 누워 있어서 좋은 것인지….

아이들이 미는 휠체어에 앉아 경내를 돌아 대웅전 앞에 섰다.

"엄마, 법당에 못 들어가니 여기 앉아서 그냥 삼 배 해요." 그녀는 극락전의 열린 문으로 정면에 보이는 부처님을 향해 두 손을 모으고 고개만 숙여 삼 배를 한다. 천수경이 떠올라서 합장한 채로 중얼거려 본다. 마음 속으로 여기 모인 자손들이 모두 무탈하게 인생을 살 수 있게 해 달라고 빌어도 본다. 그녀의 기도 덕분에 자식들이 제 몫을 하며 잘 사는지도 모르겠다. 엄마의 기도는 자식을 위한 가장 진실하고 절실한 바람이다.

북악스카이웨이에 올라 서울 시내를 내려다보니 가슴 속이 후련해진다. 저 아래에서 팔십 평생을 살며 가슴 졸이던 순간들이 다 지나간 이야기가 되었다. 그 속에 있을 때는 불같이 타올라 금방이라도 숨넘어갈 듯한 시간이 이제 한순간의 추억으로 남았다. 추억은 좋았던 시간보다 불행했던 시간이 더 깊이 각인되어서인지 오래도록 가슴에 남아 있는 것 같다.

오늘 그녀는 이 하늘 아래에 그 모든 순간을 다 날려버리고 싶다. 몸이 가벼워지는 느낌이다.

병원의 슴슴한 밥만 먹다가 칼국수의 진한 육수 맛을 혀로 느끼며 딴 세상맛 같았다. 작은딸이 작게 쪼개주는 만두를 먹으니 명절이면 빚었던 김치만두가 떠 오른다. 봄이라고 하지만 일정한 온도의 실내에서 생활하던 그녀는 오늘 밖에서 보낸 시간이 길어 한기와 피로가 몰려왔다. 연신 사진을 찍어대던 작은 사위의 몸놀림이 느려지고 이제 햇살도 기우는 때가 되어 모두 병원으로 돌아가기로 했다. 오늘이 그녀에게는 병원 밖에서 하는 마지막 파티가 될 것이다. 다시는 외출할 수 있는 상태가 아니라고, 잘 다녀오라던 병원장의 말처럼 이것이 그녀의 마지막 외출이 될 것이기 때문이다. 휠체어 바퀴에 낀 분홍색 코트 자락을 걷어올리며 그녀는 마지막 파티를 접었다.

터널 속의 어느 날

 아침 6시, 꿈 속에서 느낀 오르가슴의 허기를 안고 눈을 뜨니 밖엔 비가 내리고 있었다. 사춘기도 아닌데 가끔 몽정하는 내가 참 우습다. 육체의 갈증은 생각과는 다르게 예고도 없이 찾아오는 때가 있어 본능이 제어되지 않는다는 생각에 당황스러울 때가 있다. 잠시 그대로 누워 있으려니 몸이 무거워지고 알 수 없는 눈물이 주르륵 흘렀다. 감기 때문인가 아니면 꿈 때문인가 두통이 머리를 짓누른다. 아침 준비를 해야 하는데 의욕이 생기지 않는다. 얼갈이 된장국, 파래무침, 삼치구이를 오늘 아침 식단으로 준비했었는데 귀찮아졌다. 냉장고를 열어보니 어제 먹던 순두부찌개와 삼겹살이 조금 있었다. 아들은 다행히 고기를 좋아하니 내가 조금 덜 미안해도 될 것 같았다. 삼겹살 구운 기름에 묵은김치를 같이 구워 아침을 주고 아이들을 학교로 보냈다.
 비는 그치고 구름 낀 하늘 사이로 햇살이 보이기 시작했다. 지난 일요일에 정리해 내놓은 겨울 옷가지 몇 개를 세탁기에 넣고 동작 버튼을 눌렀다. 비 온 뒤라 집어넣어야 하는 겨울 빨래하기는 썩 내키지 않았지만 쌓여있는 빨랫감이 찜찜해서 몇 개만 골라 빨기로 했다. 세탁기를 돌리면서 출근 준비를 해야 하는데 영 마음이 움직이질 않는다. 가기 싫다. 몸도 마음도 너무 무거워 손가락도 움직이기 싫었다. 아니 자신감이 없다. 저 생존의 전장으로 나가기가. 망연히 거울 앞에 앉았다가 그대로 침대 위에 드러누웠다. 아직도 남은 눈물이 있을까 싶은데 눈물은 멈추지 않고 주르륵 흘렀다.

오늘 할 일은 뭐였지? 일단 사무실에 전화를 걸어 하루 쉬겠다는 연락을 했다. 목이 갈라지고 코가 꽉 막힌 목소리에 놀라며 사무실에선 잘 쉬라고 했다. 오늘 날짜의 결제금액을 맞추고 몇 군데 문자메시지를 보내고 오늘 일을 대강 마쳤다. 바다를 보러 가 볼까?. 아니면 자유로라도 한바퀴 돌아올까? 그것도 사치야 기름값이 얼마나 비싼데. 십 년 된 내 애마는 이제 기름을 너무 잘 먹어치운다. 누군가에게 전화라도 해 볼까? 내 얘기 좀 들어달라고. 하지만 그도 참았다 아니 싫다.

끝나고 나면 부메랑이 되어서 내게 꽂히는 그 비수 같은 서늘함이 싫어서, 그리고 또한 신세 타령으로 전락해 버릴 내 삶의 편린들이 가여워서. 유행가를 흥얼거리며 집 안을 서성거렸다. 혼자인 게 싫다. 하지만 또 혼자 있고 싶다. 수도 없는 생각들이 두통과 함께 머릿속을 어지럽혔다. 나는 과연 잘 해 낼 수 있을까? 내 생의 하반기에 접어드는데 좋은 엄마로 우아한 여자로 그리고 나 자신을 초라하지 않게 잘 마무리할 수 있을까? 좀더 우아한 삶을 위해 사이버 대학에 입학했으니 공부를 해야지 하며 컴퓨터를 켰다. 강의를 들어보려 했지만 집중이 되지 않아 오락으로 돌렸다. 가로세로 퍼즐을 맞추며 잠시 생각을 잊었다. 시간 죽이기는 이것만 한 것도 없다.

인터넷 서핑을 하다가 메일을 열었다. 읽을 만한 것은 아무것도 없었다. 남편도 나도 서로에게 위로의 글을 남기지 않게 된 지가 언제인지, 애절한 마음으로 사랑의 편지를 보내던 예전이 생각났다. 외국으로 떠난 남편은 이제 나는 안중에 없는 것 같다. 누군가의 말처럼 실제의 거리는 마음의 거리가 된다.

돈 빌려주겠다는 사채업자들의 메일이 한 페이지를 가득 채우고 있었다. 정말 누군가 당신들 말처럼 나에게 얼마간의 자금을 빌려주면 좋겠다. 며칠 전 한 친구는 돈 못 버는 남편에 대한 인내심이 이제는 한계에 왔다며 이혼을 결심하고 집을 나왔다고 했다. 모든 것의 척도가 돼 버린 돈 앞에서 나 역시도 왜소하고 초라해지는 것은 어쩔 수 없다.

오후 2시, 배가 고팠다 오장육부의 움직임은 이성이나 감성과는 동떨어지게 자신의 역할을 다한다. 자식의 죽음 앞에서도 배가 고파 먹을 것을 찾았던 자신이 죽이고 싶도록 미웠다는 어느 엄마의 고백처럼 지금 나도 배고프다는 느낌이 드는 내가 정말 싫었다. 입은 침이 마르고 쓴맛이어서 전혀 먹을 수 없을 것 같은데 배가 너무 고프다. 냉동실을 뒤지니 아이들이 먹다 남긴 피자 한 쪽이 있었다. 피자를 레인지에 데워 커피 한 잔과 함께 먹으며 T.V를 켰다. 혼자 음식을 먹게 되는 일이 많은데 그때마다 T.V를 보면서 식사를 한다. 먹는 것에 열중하는 것이 어색하고 또 너무 조용하면 음식 씹는 소리가 거슬리기도 한다.

낮시간의 T.V는 홈 쇼핑 천국이었다. 봄 색깔의 트렌치코트가 눈길을 끌었다. 살까? 남대문 시장을 헤매보고도 싶다. 하지만 그 결제금액이 다음 달에 고통으로 다가올 것을 생각하며 한순간의 욕망을 접었다. 두통약 때문인지 눈이 자꾸

감겨왔다. 낮잠을 자자. 시간의 흐름을 잊을 수 있는 가장 좋은 방법이기도 하다. 눈을 감았지만, 머릿속은 그대로 살아서 여러 가지 풍경들이 되살아 왔다. 뒤척이다 잠이 들었는지 전화벨 소리에 눈을 뜨니 오후 4시가 다가오고 있었다. 아침에 전화 걸어볼까 하던 친구여서 내심 반가왔다. 그런데 내가 아는 사람에게 다음 달 골프장 예약을 부탁해 달라는 내용의 전화였다. 그렇겠지, 그냥 안부를 물어주는 전화는 아니었구나. 골프 예약을 부탁하는 문자메시지를 보내놓고 씁쓰레하게 웃었다. 삶의 격차란 이렇게 시간시간 나를 괴롭혔다.

 내 속에 묻혀서 우울한 오늘, 그녀는 골프 하러 갈 계획을 세우며 활기차 있었다. 우린 많은 시간을 함께한 친구였는데 언제부터 어디서부터 생긴 삶의 격차가 우리의 만남을 소원하게 하는지 슬퍼졌다. 같은 일을 하는 후배로부터 다시 한 통의 전화를 받았다. 그의 명쾌한 목소리에 나도 일부러 한 옥타브 높은 소리로 얘기를 나누고 나니 기분이 조금 나아졌다. 시원한 물 한잔을 달게 마시고 다시 강의를 들으려 컴퓨터 앞에 앉았다. 하릴없이 책장을 넘기다 보니 창 밖에 어둠이 내렸다.

 온종일 걱정스러운 눈빛으로 나를 지켜 준 강아지를 데리고 산책길에 나섰다. 늦은 저녁 시간의 산책길에서 그 녀석은 참 좋은 길동무다. 혼자 걷는 멋쩍음과 호젓한 길에서의 안위까지도 책임져 주는 듯해서 여간 든든한 게 아니다. 아파트 담을 따라 하일 IC를 향하는 도로 옆 인도는 행인도 드물고 풍경이 좋아 저녁 산책하기에 아주 좋다. 오늘따라 길가의 가로등에 안개가 내려앉기 시작해서 마치 달무리 진 달을 보는 듯 아늑한 기분이 들었다. 내일모레가 보름이어선지 달 모양도 둥글고 밝았다. 비록 도시의 네온 속에서 제빛을 다 발하지 못하고 있지만, 그는 당당했다. 그처럼 자신의 자리에서 묵묵히 제 역할을 다하는 것들의 어우러짐으로 이 세상이 만들어지듯이 나의 작은 힘도 이 세상에 보탬이 되고 있겠지 하고 위로해본다.

오늘 하루 나는 인생이라는 도로에서 잠시 터널 속에 들어섰을 뿐이라고 생각하며 산책을 마쳤다.

이렇게 견딘 어떤 날의 기록이 지금 대견하게 나를 받치고 있고, 현재 나는 터널을 벗어나서 햇살 가득한 거리를 달리고 있다.

출근하지 않았다

 월요일 아침. 난 출근하지 않았다. 가벼운 복장에 운동화를 신고 차를 가지고 이동할까 하고 잠시 망설이다가 차 키를 주머니에 넣고 전철역으로 향했다. 잠실 전철역은 출근하는 사람들로 어깨가 스칠 정도로 혼잡했다. 목적지를 정하지 못한 나는 잠시 그들의 바쁜 모습을 쳐다보며 서 있었다. 그들의 모습을 바라보며 출근하려고 바쁘게 설치던 내 모습이 떠올랐다. 나는 가끔 떠나지 않으면 폭발해 버릴 것 같은 기분일 때가 있다. 오늘처럼 가까운 곳이라도 다녀오지 않으면 브레이크가 걸려서 출발 안 되는 차처럼 머릿속이 멈춰버린다.

 한걸음 뒤에서 나를 바라보기 위해 나서긴 했지만, 막상 어디로 갈지 정하지 못해서 시외버스 터미널로 가서 제일 먼저 떠나는 버스를 타기로 했다. 강변역에 내려 버스 터미널로 바로 올라가니 거기도 사람들로 붐비고 있었다. 매표소 시계는 08시 15분이었고, 20분에 출발하는 대전행 버스가 있어서 무조건 승차장으로 달려갔다. 월요일이어선지 차 내 승객은 절반 정도밖에 되지 않았다. 고속도로에 들어서면서 동학사가 생각났고 그리로 목적지를 결정했다. 한때 고속도로 승무원이었던 나에게 고속도로는 익숙한 곳이다. 그래서 기차여행보다 고속버스를 선호한다. 중간에 휴게소에 내려 사람 구경을 하거나 한 잔의 차를 마실 수도 있어 더욱 그렇다. 한때 기차여행을 좋아하기도 했지만, 기찻길 옆 풍경은 고속도로보다 더 단조롭기도 하고 혼자 기차여행을 하는 모습은 왠지 이별의 냄새가 짙다. 눈보라 날리는 기차역에서 헤어지던 연인들 모습. 군대 가는 애인에게 눈물 흘리며 손 흔드는 여자의 간절함이 배어 있는 철로는 기억에 남아 있는 풍경이다. 간이역에서 하릴없이 자식의 귀환을 기다리는 엄마의 모습이 연상되기도 하니 말이다.

 동학사는 남편과 결혼 전에 처음 여행한 장소이기도 하다. 남편이 호텔리어 자격증을 따고 처음 대전 관광호텔에 근무하게 되었고, 설레는 마음으로 그를 찾아갔을 때 하루 휴무를 내고 안내해 준 곳이다. 이십 대 푸르렇던 시절에 희망도 많았는데 기운 빠진 모습으로 오늘 그곳에 다시 가게 되었다.

 5월의 하늘은 구름 한 점 없이 맑고 햇살은 뜨거워서 혼자 길 떠난 여자의 고민 같은 것을 드러내기에 어울리지 않았다. 버스 차창을 내다보며 혼자 살아가는 방법에 대해 생각해 보았다.
 아이들이 결혼하고 나서 혼자 시간을 보내고, 먹고, 여행하고 하는 것에 익숙해져야 할 것 같은 생각이 들었다. 오래 전에 남편과 헤어지고 혼자가 되었을 때 동네 여자가 혼자여서 좋은 점과 나쁜 점에 대해 열 가지만 적어보라고 한 일이 있다. 그러면 혼자인 게 훨씬 편하다는 것을 알게 될 것이라고 했다. 오늘 같은 날은 그냥 좋고 나쁨을 떠나 혼자가 편할 듯하다. 다른 사람과의 대화에 신경 쓰지 않아도 좋고 내가 가고 싶은 곳으로 갈 수 있고 내가 먹고 싶은 것을 먹으면 되니 마음이 편하다. 그러나 아직 타지에서 혼자 먹는 일에는 익숙해지지 않는다.

 동학사로 오르는 길은 해가 뜨거워서 마치 한여름 같았다. 눈에 보이는 연초록 잎사귀들이 싱그러웠지만, 마음에 와 닿지 않았다. 앞서 가는 여자의 내려뜨린 어깨를 보며 그 여인의 고민은 무엇일까 잠시 생각했다. 대웅전에 엎드려 내 하찮은 삶의 고통에 대해 알아달라 부처님께 종알거려보고 벽에 기대 잠시 피곤한 눈을 감았다. 아침 5시에 일어나 저녁 11시 잠들 때까지 시간을 쪼개 살지만 어떻게 사는 것이 잘 사는 것인지 알지 못하겠다.

 길어진 노후를 걱정해야 하고, 제 앞가림에 바쁜 자식들에게 나도 좀 챙겨 달라기도 어려운 일이다. 많은 것을 포기하고 살아온 지난 시간이 아쉽지만 돌아가고 싶은 생각은 없다. 지금 이대로 나이 들어가는 것이 좋고 아직은 남아 있는 엷은 희망을 안고 아침을 맞는다. 내가 하고 싶은 한 가지인 글쓰기를 위해 시간을 많이 낼 수 있는 날이 오기를 기원했다. 평일의 대웅전은 기도하기에 너무 좋았다. 기도라기보다 웅얼거림을 쏟아내며 나는 속이 좀 후련해졌다. 먼 곳으로 탈출해 보려 했는데 기껏 부처님 손바닥 안에서 남편의 기억과 놀았다.

 토닥토닥 걷는 운동화 발부리를 내려다보니 내 몸속에 아무것도 남아 있지 않은 느낌이다. 머리 비우기를 했으니 내

일부터 또 열심히 부딪치며 살아갈 일이다. 대전역에서 KTX 입석 표를 사서 열차에 올랐다. 입석 승객들이 승차대 입구에 설치된 간이 의자를 서로 차지하려고 다투는 것을 보니 다시 생존의 세계에 돌아왔음을 실감했다.

사라진 왕자

 시야가 자꾸 흐려온다. 맞은편 차의 헤드라이트가 아주 크게 보인다. 남부순환도로의 밤은 답답하지만 나름대로 포근함이 있다. 처음 남부순환도로가 생겼을 때는 이렇게 넓은 도로를 왜 만들까 했는데 30여 년이 지나니 혼잡해서 가장 협소한 도로가 되었다.
 나의 십년지기 애마와의 마지막 주행이다. 애마는 마지막 순간까지도 너무 조용하고 부드러운 자태로 나를 안고 있다. 250,000km를 나와 함께 달려준 하얀 색깔의 프린스. 그와 지낸 지난 십 년이 영화필름처럼 불빛에 살아난다. 그와 함께 하는 동안 내게는 참 많은 변화가 있었다.
 마흔 살 생일 선물로 이 애마를 안겨 주고 남편은 그로부터 많은 날을 외국에 나가 있었다. 나는 병치레하던 사람이 건강하게 살아있음에 감사하며 다른 아무 욕심도 없었다. 아이들과 사는 문제를 걱정해야 해서 평생직업을 찾았다. 공인중개사 자격증 공부를 하고 시험을 치르고 새로운 일을 시작했다.
 공인중개사 일을 처음 시작했을 때, 애마가 내게 없었다면 참 많이 힘들었을 것이다. 작은 골목길에서 운전이 서툴러 차에 상처도 내고, 김포 논두렁에 빠져 오도 가도 못 하기도 했다. 어떤 상황에서도 나의 발이 되어 준 친구 같은 차. 사무실마저도 유지하기 어려워 정리하고 떠돌아 다니던 분양현장에서, 아픈 다리를 쉬고 도시락을 먹으며 잠시 휴식을 할 수 있게 해준 나의 응접실. 힘들고 지쳐서 어린아이들 앞에서 울 수조차 없을 때 나의 넋두리와 눈물을 쏟던 마지막 공간이었다. 가슴 답답함을 털어내고 싶을 때, 나를 데리고 저녁노을이 숨막히게 아름다운 강변을 달려주던 애마. 그래서 어떤 어려운 상황에서도 처분하지 못하고 지켜왔던 나의 벗이다.

그를 이제 보내야 한다. 앞으로만 내달리던 나의 심정을 대변하는 것인지, 그는 가끔 기어 변경이 안 되고 오로지 직진만 가능해서 위험한 물건이 되었다. 나의 결정이 너무 경솔한지도 모른다. 그는 이처럼 아직 부드럽게 잘 달리며 자기 몫을 다하고 있는데 말이다. 버리는 것에 익숙하지 않은 때문인지 애마를 처분하려니 마치 고려장하는 기분이다. 어제부터 우울해 있는 내게 아이들은 초등학생이던 우리가 대학생이 되었는데, 이제 걔도 좀 쉬게 해 준다고 생각하란다. 그럴까? 쉬고 싶을까?. 내가 그 속에서 편하게 쉬던 시간처럼 그렇게 쉬고 싶은 것인지도 모른다.

애마와 함께한 짧은 추억이 떠오른다. 남편이 멀리 있어서 외롭던, 내 옆자리에 앉아 얘기를 들어주던 사람. 안개비 내리는 숲을 바라보는 차 안에서, 바다가 바라보이는 강화의 일주도로에서, 하늘이 높아서 내가 더 작아 보이던 서산의 제방 뚝에서, 처음 하는 일의 서투름을 해결하며 공통의 대화를 나눌 수 있는 사람이어서 좋았다. 하지만 사람에 대한 기대는 서로를 자꾸 초라하게 만들었고, 나는 계속 내 얘기만을 들어달라고 할 수는 없었다. 난 다시 독백을 시작하고 그로부터 도망쳐 왔다. 이제 애마를 처분하려고 하는 순간에 잠시 그와의 추억이 생각났다. 앙금처럼 고여 있어서 휘저을 때마다 올라오는 한여름밤의 기억으로 내 책갈피에 남아 있을 것이다.

마티니에 떨어지던 남자의 눈물. 그 술잔을 비우며 나는 전철역 카페를 나왔다. 그 모든 것을 안고 있는 애마를 이제 내가 버리려 한다. 그때 그에게 했던 것처럼. 용도 폐기된 것의 슬픈 눈동자가 전해온다.

이튿날 폐차 업자에게 자동차를 건네주고 집으로 들어와 다리 뻗고 한참을 꺼이꺼이 울었다. 가슴 한쪽이 아려오는 아픔을 주체할 수가 없었다. 애마와 함께 한 많은 시간이 가진 의미가 사라지는 것 같았다. 애마는 내 서툰 운전 솜씨를 견디며 발전시켰고 나를 강하게 만들었다. 삶의 초라함을 들키지 않게 언제나 왕자의 위용을 가지고 나를 빛나게 해주었다. 사랑하는 연인을 보낸 것처럼 며칠을 앓고, 난 그를 서서히 잊어갔다. 수고했어, 프린스….

애썼다

"엄마가 정신 있을 때 당신 한 번 보고 싶다는데…." 전 남편의 전화를 받고 며칠 망설였다.

가슴 밑바닥에 가두었던 일들이 머릿속으로 치고 올라왔다.

그녀는 내가 자기 아들 넷의 아침상을 차리느라 분주한 시간에도 절대 부엌에 나오지 않았다. 저녁은 본인이 한다는 이유였지만, 저녁은 다들 밖에서 먹고 오거나 해서 나와 시부모만 먹으면 되는 경우가 다반사였다. 내가 조금 일찍 퇴근하는 날에는 밥순이 왔네 하며 준비하던 저녁상을 그냥 두고 방으로 들어가 버리곤 했다.

나는 출근 준비를 하며 아침상을 차리고 내 도시락과 시동생 도시락을 싸며 종종걸음을 했다. 아침 잠이 많은 시동생은 형이 깨워 놓으면 다시 이불 속으로 기어 들어가고, 나는 얼굴에 로션 하나 바르고 나와서 반찬 하나 만들고 스타킹 하나 신고 다시 주방으로 나오고 정말 전쟁 같은 아침이었다.

세 명의 시동생들과 아침을 먹고 다시 시부모 겸상의 아침상을 새로 차려 놓고 안방 문을 열고 "다녀오겠습니다." 할 때까지 시부모는 TV를 보며 이불 속에 있었다. 둘째는 볶음밥을 좋아하니 볶음밥 도시락을 싸 주라는 명령도, 내일 신어야 하는 막내 운동화가 더러우니 빨아 놓고 출근하라는 말을 들을 때면 얼굴부터 달아올랐지만 항변하지 못했다.
 시집살이 스트레스로 결국 천식이 생기고, 한 번 기침을 시작하면 두 시간은 기본으로 노란 위액을 토해 놓아야 그쳤다. 그렇게 밤새워 잠을 못 자고 뜬눈으로 새워도 아무도 아침밥을 대신해 주지 않았다. 하루는 시동생들이 너무 늦게 먹어서 설거지를 담가 놓고 출근했다. 돌아와 보니 그 설거지가 그대로 남아 있었고 시아버지는 그따위로 일하고 다닐 거면 때려치우라고 호령이었다. 시어머니가 조용히 설거지를 했더라면 불같은 성격의 시아버지에게 그런 꾸중은 안 들어도 되었을 것이다. 시어머니는 나를 야단치고 싶을 때는 자기는 빠지고 시아버지를 내세웠다.

 내가 남편과 이혼을 결심한 데에는 남편에 대한 실망도 컸지만, 시어머니에 대한 미움도 한몫 했다. 이혼 후에 그녀를 안 보고 살아서 마음이 편했다. 큰아들인 남편에 대한 사랑이 지극해서 아들이 좋아하는 나를 보면 안 그래야지 하면서도 가슴 한가운데서 심술이 뽀로록 하고 올라온다고 나에게 털어놓기도 했었다.
 남편은 아들만 넷인 그녀에게 딸 같은 아들이었다. 다정한 성격이어서 엄마 곁에서 얘기도 잘 하고, 돈 많이 벌어 이것저것 해 주겠다는 공약도 많은 곰살맞은 아들이었다. 그런 아들이 나에게 사랑스러운 표정으로 얘기하고 같이 있는 것을 보는 것만으로도 심술이 난다는 것이다. 같이 살면서 우리 부부가 쓰는 방문을 꽉 닫아보지 못했다. 시어머니는 닫힌 문을 보면 답답하다며 우리 방문이 닫혀 있는 것을 아주 싫어했다. 겨울에도 자다가 추워 일어나 보면 방문이 열려

있곤 했다. 이제 당신이 그렇게도 좋아하는 아들과 단 둘이 살고 있으니 소원 풀이를 한 것일까?

  스물여섯 살에 시집가서 그때 너무 높아 보이던 시어머니는 쉰 살이었다. 지금 생각하면 새파란 나이에 어쩜 그리도 어른 노릇을 다부지게 했는지 혀를 내두를 일이다.
  시어머니는 165cm에 70kg으로 당시에는 거구에 해당하는 몸이었다. 남편도 시동생들도 모두 180cm가 넘는 장신이어서 157cm에 40kg을 겨우 넘긴 나는 식구들 모인 자리에 끼어있으면 아기 같았다.
  남편에 대한 맹목적인 사랑과 믿음으로 시작한 결혼생활이지만 현실은 내게 너무 벅찼다. 가난한 집 장남이라고 심하게 결혼을 반대하던 친정 부모님과 친구들에게 잘 사는 모습으로 보여주겠다는 각오로 살았지만 30년 만에 이혼을 결심하고 돌아섰다. 결혼 30년이라 해도 같이 산 날은 10년도 채 안 되는 시간이었다. 남편은 결혼 초에는 호텔리어로 일해서 격일로 집에 왔고, 간이 안 좋아져서 호텔을 그만두고 휴양차 외국으로 나가서는 돌아오지 않았다.

  이제 90이 넘은 그녀가 밤에 섬망 증세도 있어, 죽기 전에 나를 보고 싶다니 거절하기 어려웠다. 남편이 국내로 돌아와 생활하는 오피스텔에 들어서자 그녀가 침대에서 일어나 앉았다. 거구이던 몸은 많이 말라 왜소했고, 속옷만 입고 있는 것은 예전이나 다름없어 볼품없는 모습이었다.
  침대에 걸터앉은 그녀는 인사하는 내 손을 맞잡으며 "이리 와줘서 고맙다. 혼자 벌어 먹고 사느라고 애쓴다."라고 하며 눈물을 글썽거렸다. 남편이 외국으로 나가 있는 20여 년 동안, 혼자 아이들을 키울 때도 들어보지 못한 말이다. 마지막 일지도 모르는 그녀의 한마디가 아팠다.

 정신이 왔다 갔다 한다는데도 내가 내민 용돈 봉투를 엉덩이에 깔고 앉았다. 자기에게 들어간 돈은 생명처럼 움켜쥐고 살던 습성대로 돈 봉투 챙기는 것을 보니 아직 살 날이 많이 남아 있어 보였다. 남편 월급봉투를 통째로 가져가면서도 손자들 요구르트값 하나도 내가 내지 않으면 계산해 주지 않던 생각이 났다. 남편이 호텔에 근무하며 팁을 받으면 조금씩 내게 건네주지 않았으면 나는 남편이 벌어준 돈을 한 푼도 구경할 수 없었을 것이다.
 지금 돌아보면 내가 결혼했을 즈음에 그녀는 갱년기를 보내고 있었다. 지금까지의 삶이 팍팍했는데 며느리를 보고 아침이면 말끔히 차리고 출근하는 모습에서 더욱 심통이 났을 수도 있다. 그렇게 나는 그녀의 감정 쓰레받기가 되어 많은 날을 고통스럽게 살아야 했다.

 그녀가 내게 해 준 애쓴다는 한마디가 지나간 내 삶을 평가받은 듯해서 마음이 가벼워졌다. 절대 칭찬을 하지 않던 그녀가 해 준 말이기에 이제 숙제를 마친 것 같았다. 물론 그 한마디로 지나간 내 억울함이 상쇄될 수는 없었다. 그녀를 용서한다는 어줍잖은 흉내는 하고 싶지 않지만 인정받지 못하고 있던 지난 시간이 이제 제값을 가지게 된 것 같기는 했다.
 그래, 나 참 많이 애쓰고 살았다. 아직도 진행형이긴 하지만 죽음을 목전에 두고 건네 준 애썼다는 말이 노력하며 살아온 시간에 대한 보상이 되어 주었다.

 오늘 그녀의 발인제를 지내고 오는 길이다. 장례식장에서 그녀의 영정을 올려다보니 만감이 어렸다. 이제 그녀도 욕망의 늪을 떠나 편안해지기를 기도했다.

4부
여행의 기억

여행의 기억
- 동유럽기행

 코로나로 여행을 포기하고 사는 요즘 예전에 했던 여행 기억을 돌아보며 답답함을 달래보려 한다.
 머릿속이 복잡하고 마음이 허해지면 나는 여행 가방을 꾸린다.
 오랫동안 계획한 여행이지만 열흘 이상 일을 접고 나서기에 마음이 가볍지만은 않았다.
 인천공항까지 짐을 날라준 사람에게 가벼운 인사를 남기고 돌아서자니 가슴 한쪽이 서늘해졌다. 하지만 비행기 날개 너머로 붉은 낙조를 보는 순간 떠나온 것에 감사했다.

 프랑크푸르트 공항에 내려 작은 소도시인 잉골슈타트로 이동해 잠깐 눈을 부치고, 영화 사운드오브 뮤직의 배경이 된 볼프강 유람선을 타는 것으로 긴 여정을 시작했다.
 11박 12일 동안 발칸반도 주변의 5개국을 주로 버스로 이동하는 여행이었다. 우리 팀 8명을 포함해 한국인 32명이 한 차로 이동하게 되었다. 다 기억되지도 않고 유럽의 풍경이란 것이 거의 비슷해서 사진을 들여다보아도 어디가 어딘지 구분도 잘 안 되었다.

 아드리아해의 진주로 불리는 드보르 빅의 도심 〈플라 차거리〉 도로는 대리석으로 되어 있었는데, 한 세기를 지나면서 사람들 발 밑에서 반들반들하게 길이 들어 미끄럼을 타도 될 것 같았다. 드 브로 빅 성벽을 따라 운행하는 케이블카를 타고 프러포즈 장소 1위로 꼽힌다는 스르지산에 올라보니 정말 아래에 펼쳐지는 풍경이 그림 같았다.

 케이블카 안에서 실제로 머리에 화환을 쓴 젊은 커플을 보니 이곳에서 프러포즈하려고 하는 것 같아 싱그러워 보였다. 그들의 인생의 새로운 출발에 축하를 보내주었다.

 드 브로 빅을 떠나며 프란체스코 성당에 있던 발가락을 만지면 소원이 이루어진다던 그레고리 린의 동상을 떠올리며 내가 빌었던 소원이 부디 이루어지기를 바래보았다.

 50만 년 전에 이루어졌다는 종유석 동굴인 〈폭스 토니아 동굴〉에 서서 자연의 신비와 위대함을 다시 느꼈다. 한 방울 한 방울의 석회수가 모여 여러 가지 모양의 종유석과 석순을 키워 나가고 있는 모습을 보면서, 급하게 뭔가를 이루려는 인간의 조급함이 부끄럽기도 했다.

 16개의 호수가 있는 〈플리트비체〉는 자연 그대로의 모습이 사람에게 주는 감동이 크다는 것을 알았다. 바닥이 들여다보이는 물 속에 헤엄치는 물고기, 해초. 물 속으로 스며드는 햇살이 내리쏟는 폭포의 물살과 어우러지며 자연의 교향곡을 울리고 있었다. 풍경을 마음에 담고 사진에 담느라 일행이 없어진 것도 몰라서 일행의 꼬리를 찾느라 가슴이 쿵쾅거리기도 했다.

 자다르에서 로마네스크 양식의 〈성 아나스타샤 성당〉을 보고, 바닷물의 움직임에 따라 소리가 나도록 만든 파이프 오르간을 보러 갔으나 고장이 나 있어서 실망했다.

바닷가에 집열판을 설치해 낮 동안 태양열을 모아 밤에 조명을 밝힌다는 광장에 앉아보니, 뜨거운 열기가 찜질방 바닥 같아서 놀라서 도망쳐 나왔다. 어디를 가나 해변엔 일광욕을 즐기는 현지인들이 많았다. 우리는 해를 가리기 급급한데 그네들은 하얀 속살을 드러내며 해를 향해 누운 모습이 여유로웠다.

모차르트의 생가가 있는 잘츠부르크에서 커피 한 잔을 마시며 그가 작곡한 음악을 들었다.

그의 생을 다룬 영화 〈아마데우스〉가 생각났다. 천재적이었지만 행복하지 못했던 모차르트의 얘기였는데, 나중에 버스에서도 비디오를 틀어 주었다. 비교적 경쾌하고 어렵지 않아 아이들이 어릴 때 가끔 들려주곤 했는데 그의 생가에 와서 직접 모짜르트의 음악을 듣게 되다니 감회가 새로웠다.

기대에 부풀었던 프라하는 기대만큼은 아니었지만 드라마 프라하의 연인에 나왔던 〈바츨라프 광장〉에 서니 사랑하는 이가 앞에 있는 듯 가슴이 뛰었다. 존 레넌 벽화 앞에서 존 레넌의 노래를 부르는 이국 청년과 사진도 찍고 연인들이 사랑의 약속을 잠그던 자물쇠 다리에서 사랑을 잠글 수 있을까 잠시 생각에 잠겨보기도 했다.

비엔나에서 합스부르크 왕가의 여름궁전인 〈쉔부른 궁전〉 내부를 보며 마리아 테레지아 왕녀의 화려한 궁전에 넋을 잃었다. 18세기의 인테리어가 전혀 낡은 느낌도 촌스러운 느낌도 아니어서 일일이 제작에 신경 썼다는 그녀의 안목이 역시 최초의 여황제 다왔다. 16명의 아이를 낳은 그녀는 남편을 너무 좋아했다고 한다. 황제인 아내를 섬기며 행복한 부부관계를 유지한 그녀의 남편 프란츠 스테판에게 경의를 보냈다.

비엔나에서 가장 기억에 남은 것은, 저녁에 일행을 빠져나와 우리 팀만 비엔나 밤거리를 구경한 것이다. 비엔나 최대 번화가인 〈케른 트너〉 거리로 나가니 다른 지역과 달리 밤늦은 시간까지 길거리 카페가 영업을 하고 있었다. 물론 다른 점포들은 문을 닫고 있어서 쇼핑은 할 수 없었고, 길가에 포장마차처럼 해놓은 곳에서 독일 맥주와 간단한 안주로 밤을 즐겼다. 립이 아주 맛있었고 흑맥주의 독특한 향이 나쁘지 않았다. 사람들은 맥주를 앞에 놓고 정다운 사람들과 평화로운 밤을 보내고 있었고 동양의 작은 여자들에게도 다정한 미소를 보내주었다. 여행 중 가장 자유로운 시간이었다. 가이드 말대로 한국인만이 소화할 수 있는 빡빡한 일정으로 하루에 3개국을 넘나들기도 했다. 패키지 여행의 단점은 이런 여유로운 시간이 없다는 것이다.

크로아티아의 수도 〈자그레브〉로 가는 길에 해는 저물고 호텔을 찾아가는 길은 험했다.
슬로베키아인 버스기사는 말쑥한 청년이었는데 길을 잘못 들어서 아주 인적이 드문 시골길로 접어들어 우리를 걱정스럽게 했다. 길가엔 작은 집들이 평화로운 모습으로 이어져 있었지만 자세히 보니 폐가가 많았다. 긴 내전과 경제적 여건 때문에 집을 버리고 떠난 사람들이 많다고 했다. 집 벽에는 실제로 총탄의 흔적이 많이 남아있었다. 멀리서 보았을 때 동화 속 그림처럼 아름답던 동네들이 가까이 들여다보니 낡고 어수선한 집도 많고 창도 작고 지붕이 낮아서 집 안쪽이 협소해 보였다. 보이는 것이 다가 아닌 우리네 인생처럼 이 사람들의 삶도 그리 평탄치 않음을 알 수 있었다.

 버스를 탄 채로 국경을 넘는 일이 많았는데, 보스니아 국경을 넘으며 꼬레아 32명이라는 말만으로 무사통과한 우리는 강해지는 우리의 국력에 잠시 자부심을 갖기도 했다.
 헝가리 국경수비대에서도 꽤 관심을 가지며 입국심사를 해주었는데, 앞뒤로 부딪치는 한국인 관광객 러시에 그네들이 의아해하며 왜 이렇게 많이 오느냐는 질문도 했다. 가이드는 한국 사람 돈 많고 여유 있어서 관광 많이 한다고 답했다 해서 모두가 즐겁게 웃었다.
 부다페스트 입구 제일 눈에 잘 띄는 곳에 있는 〈삼성〉 간판이 우리를 반겨주었다. 이곳에는 50여 개의 우리 기업들이 진출해있으며 그중에도 삼성과 한국타이어는 이곳 젊은이들에게도 선망의 대상이라고 했다. 파리의 도시계획을 모델로 삼아 지었다는 부다페스트는 파리의 한 곳에 와 있는 듯한 착각이 들었다. 왕궁터와 영웅광장을 따라 걸으며 육칠백년이 된 건물에 아직 일반인이 생활을 하며, 커피숍이나 상점들로 이용하고 있는 것을 보니 신기하기도 하고 부럽기도 했다. 우리나라는 서울에만 해도 남아 있는 옛 건물이 손으로 셀 정도인데, 이네들은 오래전에 만든 건물 속에서 역사와 함께 살고 있다고 생각하니 삶의 깊이가 느껴졌다.

제일 기억에 남는 것은 부다페스트 야경이었다. 국회의사당 건물을 환하게 밝힌 불빛은 마치 영혼까지 밝혀줄 것처럼 아름다웠다. 알싸한 밤바람에 몸을 맡기고 뱃머리에 앉아 〈도나우강의 왈츠〉를 들으며 보는 야경은 사랑하는 이를 그립게 했다.

여행 기간 동안 매일매일 짐을 싸고 풀며, 호텔을 바꾸었는데 호수가 아름답던 Blue Sun 호텔이 좋았다. BlueSun 호텔은 아침에 일어나 한적한 길을 따라 호수를 돌며 걸을 수 있었다. 호수 주변에 낮은 나무들 사이로 이름 모를 새들이 날고 호숫가에는 바닷가처럼 모래밭이 펼쳐져서 걷기에 좋고 조용했다. 이른 산책길에 나선 일본인 부부의 사진을 찍어주었는데 노년의 부부는 여행에 서투른 모습이었고 아내가 몸이 많이 안 좋아 보였다. 마지막 여행이 될지도 모를 그네들의 사진을 찍어주며 건강의 소중함을 다시 생각하며 호수의 오리에게 손을 흔들어 주었다.

여행은 새로운 경험을 만들며 자신을 다지고 돌아보는 시간이다. 내가 정말 원하는 삶은 어떤 것일까. 그리고 떠나와서 제일 그리운 것은 무엇일까. 잠시 생활의 짐을 내려놓고 오롯이 나만을 위한 시간을 가질 수 있다는 것이 여행의 가장 큰 즐거움이다. 여행의 동반자와의 관계에서 새로운 인간관계의 설렘도 가지게 되고, 타인의 삶을 살짝 들여다보며 나 자신을 위하고 마음을 풍요롭게 하기도 한다. 일상으로 돌아가 지치고 힘들 때 여행의 순간들은 나를 지탱해 주는 힘이 될 것이다.

비엔나 밤거리의 유쾌하게 보였던 사람들.

플리트비체의 맑은 물.
하얀 구름이 아름다운 파란 하늘.
볼프강의 고즈넉한 야경.
길을 잘못 들어 보게 된 산길의 아기자기한 풍경들.
가슴에 새긴 순간순간의 풍경들이 내 삶을 조금 더 풍성하게 만들어 주었다.
코로나가 멈추고 다시 비행기를 탈 수 있는 그날을 기다리며 잠시 여행의 기억 속으로 들어가 보았다. 따뜻한 모닝빵과 수프가 그리워지는 시간이다.

나를 위해 살라고

 나 자신에게 이롭게 살아라. 이것이 利我(리아)의 해석이라고 스님은 설명했다. 그동안 내가 살아온 모습은 너무 힘들고 희생적이어서 이제부터는 조금은 이기적으로 살아도 좋다고 했다.
 맏딸로 태어나 겪어야 했던 책임감과 맏며느리로 살면서 감내했던 지난 일이 생각났다.

 불가에는 법명이라 하여 계를 받을 때 지어주는 별도의 이름이 있다. 천주교의 세례명과 같다고 보면 된다. 오래 전 받은 법명은 보현행이었다.
 보현보살은 대승불교 교리에서 중요한 행을 담당하는 보살로 지혜를 담당하는 문수보살과 함께 부처님의 좌우를 보좌한다고 할 수 있다. 보현보살은 주로 행으로 보여 주는 것을 맡아 많은 이들에게 베풀고 부지런히 수행하는 보살의 이름이다. 그래서 법명이 보현행인 나는 부지런하지 않으면 안되게 살았는지 모르겠다. 법명은 큰스님들이 계를 주면서 지어주는 것인데 이상하게 그 사람의 생과 일치하는 경우가 많다. 큰스님들은 앞을 내다보는 힘이 있어서 그 사람의 인생에 어울리는 이름을 짓는 것인가 보다.

고등학생 때부터 맡아 한 살림살이는 지금처럼 세탁기나 전기밥솥이 없던 시절이라 힘들었다. 학교가 파하자마자 돌아와 동생들 저녁을 챙기고 밀린 빨래를 하며 바쁘게 살았다.

하지만 엄마는 항상 불만스러운 말만 했다. 반찬이 짜다 맛없다 빨래가 더럽다 하며 한 번도 수고했다는 말이 없었다. 동생들이 잘못한 일도 모두 내 탓이 되었다.

도망치듯 결혼하여 맏며느리가 되니 더 고단한 삶이 되었다. 팔자 도망은 못 한다는 옛말이 있듯이 내 팔자가 그런 모양이다.

시간이 가고 나이 들어가는 것이 나는 좋다. 항상 어제보다 나은 오늘이 있어서다.

젊은 날로 돌아가고 싶다는 사람들이 많지만 나는 결코 돌아가고 싶지 않다. 오늘이 지나면 더 나은 내일이 내게 오리라는 기대로 살고 있다.

利我로 살고 싶다. 법명을 받고 이상하게 비실거리고 웃었다. 부처님도 이제는 나의 보현행을 가상히 여겨 새로운 인생을 주시나보다 하는 생각이 들었다.

나를 이롭게 한다는 것은 어떤 것일까? 이기적이라 해 본들 누구에게 해로운 일을 하라는 것은 아닐 테고, 사람들과 어울려 살려면 그 또한 쉬운 일은 아니다.

미래를 설계하기에 통장 잔액은 너무 초라하고 이 악물고 키워 낸 자식이 요즘 세대엔 미래보험이 아닌지 오래다.

나이 들어가면서 열정이나 노력만으로 이루지 못하는 일이 많다는 것을 알게 되고, 그래서 기도에 매달리기도 한다. 바람은 작아지지만 자신감 역시 낮아져서 커다란 어떤 힘이 나를 도와주기를 염원하게 된다. 법당에 엎드려 내려놓는 마음으로 기도하면서 이기적 삶에 대해 생각해 보았다. 그러나 나는 이미 이기적으로 살고 있었다. 먹고 싶을 때 먹고, 자고 싶을 때 자고, 내 취미를 위해 밥벌이 하는 일을 등한시하기도 하니 얼마나 이기적인가. 재산은 억지로 되는 것도 아니라며 위안하고, 내 발로 걸으며 사는 것이 가장 큰 행복이라 여기며 나의 이기적 삶은 그것으로 만족이다.

다시 가 보고 싶다

 오늘 TV에서 몽골의 아침 식사를 소개했다.
 그것을 보니 10여년 전에 다녀왔던 몽골이 생각났다.
 초록의 잔디가 무성하던 몽골의 초원. 끝없이 펼쳐진 초원에 핀 아주 작은 노란 풀꽃이 가끔 그리워진다. 몽골은 여름엔 백야이어서 10시가 넘어야 어두워진다. 오후 8시에 도착한 울란바토르 징기스칸 공항에는 아직 낮이 남아 있었다. 근사한 인천공항을 떠난 지 얼마 되지 않아 우리 남부 터미널 정도의 국영 징기스칸 공항에 도착하니 왠지 모르게 걸음걸이에 힘이 들어갔다. 공항 출구를 나설 때면 문 밖에 서서 기다리는 사람들의 시선이 부담스러울 때가 많은데 오늘은 조금 으스대며 걷고 싶은 기분이었다. 몽골의 수도인 울란바토르를 향해 가는 도로는 형편없이 낡아 있었지만 저녁노을을 안고 눈앞에 펼쳐지는 초원은 나를 들뜨게 했다. 어둠이 내려앉는 도심에 도착해 짐을 풀고 며칠 동안 서울을 잊기로 했다.

 몽골은 3, 4년 전부터 급격히 자동차가 많아져서 울란바토르 시내는 항상 차량 정체로 몸살을 앓고 있었다. 더군다나 질서의식 없이 자기만 먼저 가겠다고 꼬리를 무는 차가 교차로를 막고 건널목도 없이 아무 곳에서나 길을 건너는 사람들 때문에 거리는 온종일 경적이 끊이질 않았다. 5년 전에 갔을 때와는 너무도 다른 자동차 행렬의 풍경이 낯설기도 했다. 버스는 전기 버스와 휘발유 버스가 운영되고 있는데 전기버스 요금이 휘발유 버스보다 100 투그리트 (화폐단위; 우리 원화와 1; 1정도됨)정도 싸단다. 대우에서 중고이긴 하지만 신형버스가 400대가 들어와서 예전에 우리나라 버스노선을 그대로 달고 다니던 버스들은 안 보였다. 노란색의 택시가 있지만 아무 자동차나 손을 흔들면 택시처럼 돈을 받고 차를 태워주기도 했다.

내가 머물던 아파트 바로 앞에 학교가 있었는데 석 달 간의 긴 여름방학 중이어서 휑하니 조용했다. 이곳의 학제는 11학년으로 1학년일 때 정해진 짝을 졸업할 때까지 함께 한다. 그래서 거의 형제 같은 우정을 나누는 한편 남녀 간에 너무 정이 깊어지는 부작용도 있다고 했다. 여름방학은 길지만, 겨울방학은 짧아서 거의 없다. 그것은 겔에서 생활해야 하는 아이들에게 난방이 잘 되는 학교에서 겨울을 보낼 수 있도록 하려는 배려라 한다. 이들은 졸업할 때 거의 등록금 수준에 맞먹을 정도의 돈을 들여 유럽식 파티를 한다. 드레스를 골라 입고 파티에 가는 것을 기다리는 여학생들의 기대는 남달랐다.

전통적 주거형태인 겔은 동그란 원형의 텐트 같은 형태에 가운데 기둥을 따라 난로 연통이 설치되어 있다. 가운데 지붕이 동그랗게 뚫려 있어서 하늘을 볼 수 있었다. 겔에 누워서 밤에 본 하늘은 그대로 별이 쏟아져 들어와 내가 은하수 가운데 있는 것 같았다. 둥근 벽을 따라 침대가 놓이고 가운데 난로에서 취사를 한다. 이 개방적 주거형태는 성의 개방을 불러오고 부모들의 행위를 흉내내는 어린아이들로 인해 어린 미혼모가 많고 어린 매독 환자들 또한 정부의 고민이라고 한다. 이 곳 여자들은 성이 개방되어 남자들은 그에 순응하며 사는 모계사회에 가까운 모습을 하고 있다.

 징기스칸의 방대한 영토확장의 시대를 자랑하는 민속사 박물관이나 징기스칸 영화 촬영지 등을 돌아보며 이들이 가진 높은 자존심이 여기에서 기인한 것이구나 하는 생각을 했다. 원나라를 일구고 주변국들에서 조공을 받던 나라였다는 사실에 몽골인들의 자부심은 대단하다.
 우리나라에서도 일 년에 몇천 명씩 젊은 처녀들을 바쳤고 그들은 이곳 몽골에서 척박한 삶을 살았다. 개중에 남편을 잃고 자식을 데리고 죽음과도 같은 고난을 겪으며 고향을 찾아 나선 여인들이 있었다. 우리는 그들을 환향녀라 하여 나중엔 짓밟힌 육체를 빗대어 화냥년이란 이름으로 멸시하였다. 그들이 살던 마을이 몽골의 후레마을이다. 그래서 그들이 데리고 온 아비 없는 자식은 후레자식이 되어 훗날까지 우리에게 슬픈 이름으로 남았다. 그녀들이 힘없는 나라 대신에 짊어지고 살았을 고통과 그리움을 안고 걸었을 고향을 향한 그 먼 길에서의 사투를 생각하니 가슴이 메어왔다.

 테를지 국립공원으로 가는 길에서 양 옆으로 넓은 초원에 자유로이 풀을 뜯는 양, 소, 말들의 모습에서 유목민의 자유로운 삶을 살던 그네들의 여유도 보았다. 말에 올라 휘파람으로 양들을 부르는 어린 목동의 모습엔 아무런 욕심도 없어 보였다. 해가 뜨면 양을 몰고 들판에 나서고 해가 기울면 또 양을 몰고 집으로 향하는 어린 목동들의 미래는 어떤 것일까. 잠시 생각했다. 나도 뭉게구름 하얀 하늘을 보며 지평선 너머로 달려가는 말 떼들의 뒤를 따라 멀리 가고 싶었다. 조랑말에 올라 초원을 거닐다 보니 말의 따스한 체온이 느껴져 말의 등에 엎드려 보았다. 도시에서 가졌던 어떤 욕심도 고뇌도 없었다. 겔에서 저녁을 짓는 연기가 피어오르는 들판에서 나는 그냥 원시인이 되었다. 몽골은 느리게 사는 것을 알려주고 있었다. 징기스칸이 포효하던 시절의 성곽을 재현해 놓은 만안성보다 자연 그대로의 초원에서 나는 더 행복했다.

겔에 누워, 뚫린 지붕 사이로 보이는 쏟아질 듯 많은 별의 파동, 음악처럼 들리는 바람 소리를 타고 오는 어둠의 냄새, 만취루 사원의 폐허 된 절터에서 느끼던 아련한 그리움 같은 것들이 몽골을 좋아하게 하고 있었다.

보름 정도의 시간에 어떤 나라를 알 수는 없지만, 몽골은 도약하고 있었다. 그 중심에 우리나라 사람들이 함께하고 있다는 것을 알 수 있었다. 국영 백화점 앞뒤 중심상가에 우리나라 사람들이 운영하는 식당, 미용실, 문구점, 커피점 등 20여 개 이상의 상점들이 있었고, 근사하고 그럴듯한 식당이나 호텔은 모두 한국인이 운영하는 것이었다. 교민 수도 3천에 이른다고 하니 인구 120만 수도에서 우리 국민은 아주 잘 살고 있었다. 예전에 힘이 없어 당하던 시절을 생각해서라도 부디 힘 있는 국민이 되기를 열망하며 몽골여행을 마쳤다.

14년 전의 몽골이라 지금은 많이 달라져서 질서도 생기고 부자들도 많아졌으리라 하지만, 넓은 초원은 아직 원시 그대로 남아 있기를 바라본다. 나는 울란바토르의 양식당 2층에 혼자 앉아 너무 아프게 몽골과 마지막 인사를 했었다. 이제 사랑도 미움도 사라진 날에 자작나무 숲에서 듣던 바람 소리가 귓가에 살아 나를 깨운다. 다시 가 보고 싶다.

대마도 기행

　서울 잠실에서 저녁 10시에 출발해 밤새 고속도로를 달려 도착한 부산 자갈치 시장은 부지런한 몇 몇 상인이 생선을 굽고 마른 생선의 먼지를 털면서 일요일 아침을 깨우고 있었다. 여자 21명 남자 9명의 일행이 참석한 공인중개사 모임의 단체여행이었다. 배를 타고 일본 대마도까지 가는 짧은 여정이었다.
　배에 오르니 실내는 시골 극장을 연상시키는 작은 의자들로 채워져 있었다. 앞뒤로 출입구는 닫혀 있어서 운행 중에는 밖으로 나갈 수 없다고 했다. 대한 해협을 건너며 바닷바람에 짧은 머리칼이나마 흩날리며 윤심덕이 부른 〈사의 찬미〉를 되새겨 보고 싶었는데, 의자에 앉아 잠시 졸았더니 히타카츠 항에 도착했다.
　히타카츠향은 우리의 시골 버스터미날 같은 느낌이었다. 대마도 전체가 아주 작은 도시로 우리의 90년대 수준에 머물러 있다는 가이드의 설명이었다. 가이드가 몰고 온 35인승 버스는 좌석이 유치원 아이들이나 앉으면 좋을 듯 좁아서 의자에 앉아서만 달려온 이제까지의 피로를 더 보태 주었다. 하지만 아담하고 아늑해 보이는 바깥 풍경이 한낮의 눈부신 햇살과 함께 여행을 실감나게 했다. 가이드는 30대의 아가씨였는데 피부가 맑았다.
　가장 먼저 도착한 곳은 세계 미항 중 하나라는 미우다 해

수욕장이었다. 바닥이 들여다 보이는 바닷물, 미세하게 부드러운 모래, 아늑하게 둘러 싼 산들이 어우러져 아주 아름다운 해변이었다. 모래사장 가운데 자리한 한 그루의 소나무가 동해 바다의 정동진을 생각나게 했다. 피곤해 하던 사람들의 표정이 모두 밝아졌고 나름대로 포즈를 잡으며 사진을 찍었다. 연인과 함께 라면 절로 사랑이 생길 것 같은 풍경을 뒤로 하고 점심을 먹으러 갔다.

금강산도 식후경이라 여행은 먹는 즐거움 또한 한가지 아닐까 한다. 일본식 작은 건물 입구에는 대절이라는 한문이 쓰여 있어서 우리 일행이 작은 식당을 빌린 것을 알 수 있었다. 한 사람이 겨우 올라갈 수 있는 작은 나무 계단을 올라가니 다다미 방에 식탁이 차려져 있었다. 여섯 쪽의 다른 종류의 김밥과 우동 한 그릇 그리고 단무지 세 개. 다들 너무 적은 양에 후 한숨을 한 번 쉬고 먹기 시작했는데 먹다보니 어느정도 배는 불렀다. 남길 것 없이 먹을 수 밖에 없는 이들의 식단을 보며 아침에 부산에 남기고 온 많은 음식들이 미안해졌다. 우리도 먹을 만큼 내놓고 남기지 않는 습관을 들여야 하는데 매번 푸짐한 상차림으로 음식을 남기는 것은 버려야 할 습관이다.

본격적인 관광에 나서 한국전망대에 올라 대마도에서 약 49키로 밖에 떨어지지 않은 우리나라의 모습과 야경 사진을 보았다. 로밍하지 않은 핸드폰도 통화가 가능하다 하여 모두들 전화기를 들여다 보며 통화 여부를 가늠하느라 바빴다. 조선을 왕래하던 통역사들이 해난으로 112명이나 사망하는 사건이 생겨서 이를 위로하기 위한 위령비가 전망대 한쪽에 세워져 있었다.

예전엔 우리나라 사람이 많이 거주 하였으나 먹고 살 길이 없어 이주해 버렸다는 대마도가 그대로 우리 땅이었다면 지금 우리에게 어떤 변화가 있을까 잠시 생각했다. 제주도처럼 관광지화 하여 휴양시설로 이용하였더라면 지금보다는 많이 개발 되었을 것 같은데 일본 국내에서는 이곳까지 오는데 더 많은 비용이 든다고 한다.
　북항에서 남항을 향해 가는 1시간 정도의 도로에는 군데군데 대여섯 채 규모의 작은 마을들이 있었다. 높은 봉우리에 살짝 단풍이 들기 시작한 산세의 모습은 우리나라보다 약간 경사가 있었지만 별반 낯설지 않았다. 섬 전체가 국립공원으로 지정되어 있어서 건축에 제약을 많이 받고 있어서인지 건물의 모습은 질서정연하게 잘 정비 된 모습이었다.
　와타미 마을 전망대에서 대마도 전체를 내려다 보며 아름다운 해안을 바라다 보았다. 하늘엔 솔개가 가끔 커다란 원을 그리며 날았는데 이상하게 기러기는 볼 수 없었다. 해안을 너무 깨끗하게 해서 기러기 먹이가 없는 것은 아닌지 의아스러웠다. 우리네 통영을 생각나게 하는 작고 아름다운 해안이었다. 바다의 용궁이라는 와타즈이 신사는 뒷문으로 해서 정문으로 걸어 나왔는데, 원래 신사는 절대 뒷문으로 출입이 안되는 곳인데 우리는 신사를 모시는 신자가 아니니 괜찮다는 가이드의 설명이었다. 일본은 8만 개 이상의 신사에서 그만큼의 종류대로 잡신을 섬기는 민족이다. 신당 앞에서 두 번 손뼉을 치고 신을 깨워 복을 비는 그네들의 신사참배의 모습이 아른거렸다.
　신사를 나와 상대마와 하대마를 이어주는 민관교를 따라 버스를 달렸다. 버스에서 잠시 내려 민관교 (만제키바시) 아래를 내려다 보며 이들이 러일 전쟁 당시에 이 다리를 이용해 승리를 거두었다는 가이드의 설명을 들으니 다리 아래 깊은 물 속에 수장 된 많은 영혼의 울부짖음이 휘돌아 오는 듯 했다. 그러나 지금은 그냥 아름다운 다리로 남아 관광자원이 되어주고 있으니 어떤 것이든 시간의 변화에 따라 그 쓰임이나 생각이 변하는 것이다.

 일본여행의 백미는 온천욕이다. 모두 피곤한 탓도 있지만, 어제부터 제대로 씻지도 못한 터라 온천이 마냥 반가왔다. 남자들은 어떤지 모르겠지만 여자들은 서로 처음 벌거벗은 몸을 보여줘야 하는 상황이 껄끄럽기도 해서 서로 나중에 들어서려고 버티기도 하고 탕 안에 앉아서 한 사람씩 들어올 때마다 괴성을 지르며 환호하기도 했다. 다행히 탕에는 우리 일행만 있어서 우리의 웃음바다가 더욱 활기로왔다. 따뜻한 물에 몸을 담그고 서쪽으로 해가 넘어가는 하늘을 볼 수 있어서 행복했다.
 스미마셍. 서비스가 필요할 때마다 한마디씩 스미마셍을 외쳐대며 여행지에서 가지는 편안함으로 다들 마음이 들떠갔다. 술이 한 잔씩 돌아가고 낯선 사람들과도 웃으며 대화를 나누고 음식을 권하고, 그렇게 여행은 사람들 속에서 나를 키워 가는 것이다. 여행은 사람을 변화시켜 준다. 여행하는 동안 우리는 조금 느슨해지고 순수해져서 자신을 관조하게 된다.
 다음 날 우리 한 말의 역사가 한 여자의 일생을 암울하게 만들었던 배경을 생각하며, 덕혜옹주묘를 돌아보았다. 쓸쓸한 묘비처럼 한적한 곳에 있는 그녀의 묘에서 국가의 운명이

백성의 삶을 결정하고 배우자가 또 다른 인생을 결정지을 수밖에 없음을 생각했다. 예전에 대마도는 한국과의 활발한 교류의 장이어서 많은 배가 오고 갔는데 그를 기념하기 위한 조선 통신사 기념비도 볼 수 있었다.

 100년을 이어왔다는 카스텔라 집에서 일본식 부드러운 카스텔라를 맛보며 우리는 입맛의 변화도 많아 몇 가지를 제외하면 한 가지 음식이 그리 길게 수명을 이어가지 못하는 것이 좋은 점인지 나쁜 점인지 잠시 가늠해 보았다. 우리는 음식도 유행이 있어 항상 새로운 맛을 개발하고 새로운 모양을 만들어가는 저력이 산업을 발전시키는 힘이 되어줄 수도 있다는 생각이 들었다.

 짧은 시간 동안 돌아본 대마도는 시골 마을의 고즈넉함을 간직하고 있어서 작은 개울을 따라 걷기에 좋았다. 이즈하라 항에서 다시 배를 타고 부산으로 오면서 창을 깨버릴 것처럼 덮쳐오는 파도에 생과 사의 경계를 느끼며 여러 가지 생각에 잠겼다. 살아 있어서 좋다고 외치며 대한 해협을 건너왔다.

물처럼 바람처럼

　신정 연휴를 하루 앞두고 오대산 나들이를 계획했다. 같은 절에 다니는 네 명의 도반들이 새해의 안녕을 기원하는 기도를 위해 미륵암으로 달렸다.

　영동고속도로를 달리는 동안 다른 사람이 운전하는 차를 탄 덕분에 도로변의 겨울 풍경에 젖을 수 있었다. 강원도로 가는 길은 언제나 바다를 꿈꾸게한다. 하지만 이번에는 산으로 가는 길이라 잠시 바다에 대한 기대는 접었다. 잔설이 덮고 있는 산봉우리는 길가의 나목에서 느껴지는 것과는 다른 깊이가 있어 보였다. 자동차 안에서 바라보는 풍경은 너무 따스해서 봄이 온 것 같았다. 마른 들판의 모든 것들이 저 햇볕을 받아 고요함 속에서 다가오는 봄을 준비하고 있을 것이라는 추측을 하니, 차가운 겨울을 견딘 생명들이 사랑스러웠다. 나도 혈관을 타고 새로운 힘이 느껴졌다.

　상원사 주차장에 닿으니 눈 덮인 산등성이를 가린 긴 산 그림자가 비로소 강원도 산 속에 왔다는 실감을 주었다.

　저녁 6시 30분부터 저녁 예불 시간. 연휴여서인지 우리처럼 새해를 부처님 앞에서 시작하기 위해 온 신도가 많았다. 거리 두기로 인원 제한을 둔 대웅전은 가득 차고 다른 사람들은 숙소 2층 법당에서 기도하게 되었다. 우리 일행은 다행히 대웅전에 자리를 잡았다. 스님의 독경 소리에 눈을 감고 한 해를 돌아보았다. 욕심으로 마음 아팠던 순간, 사람들과의 관계에서 이해받지 못한 서글픔도 다 내려놓고, 이 순간 이 자리에 있을 수 있다는 것에 감사하며 엎드려 절을 올렸다. 법당 밖은 그믐밤의 어둠이 산사를 감싸고 두 손 모아 기도하는 옆 사람의 숨소리조차 가늠되는 고요가 시간을 정지시킨 듯하다. 기도는 내 힘으로 해결하기 벅찬 일이 있을 때 어떤 위대함에 기대 위안받아 보려는 행동이기도 하지만, 기도에 심취하다 보면 머릿속의 잡념이 사라지고 나 자신을 들여다보는 시간이 되어주기도 한다.

미륵암은 오대산 다섯 봉우리 북쪽에 있는 암자이다. 오대산 다섯 봉우리에는 동대 관음암, 서대 염불암, 남대 지장암, 북대 미륵암, 그리고 중대 사자암과 상원사가 자리 잡고 있다. 북대 미륵암에는 오백 나한이 모셔져 있다. 나한은 아라한의 줄임말로 일체 번뇌를 끊어 깨달음을 얻은 불교의 성자를 이른다. 나한 기도는 기도하는 이에게 더욱 빠른 응답을 준다고 하여 기복의 기도를 드리는 신도들이 선호하는 기도처이다.

나 역시 새해의 가족 건강과 사업번창을 기대하며 아픈 허리에 복대를 두르고 함께하게 되었다. 나머지 세 사람 역시 신정 연휴에 가족을 뒤로 하고 기도하러 달려왔으니 저마다의 바람이 절실할 것이다. 다른 일행도 가족끼리 온 사람들이 많았고 의외로 젊은 청년들과 아가씨들도 있었다. 모든 종교가 고령화 되어 가고 있어서 걱정인데 오늘 보니 그리 걱정할 일도 아닌 듯했다. 나한의 표정 하나하나를 재미있게 바라보며 가슴 속으로 가만히 소원을 빌어 보았다. 돈도 많이 벌고, 허리 아픈 것도 나아지고, 가족들도 화목하게 잘 지내기를 바라며 저녁예불을 끝내고 숙소에 앉으니 사방이 캄캄한 어둠뿐이어서 마치 세상과 단절된 것 같았다. 절에 가면 다른 여행과는 다르게 말을 절제하게 되는 것이 좋다. 묵언 수행! 불교의 기본 경전인 천수경에도 나쁜 말, 지어낸 말, 이간질하는 말에 대한 참회의 문구가 연달아 있는 것을 보면, 생각을 밖으로 내놓기 전에 자신의 내면을 먼저 들여다보라는 의미인 듯하다. 내면의 소리 같은 바람 소리를 귓전에 들으며 일찍 잠자리에 들었다.

1월 1일 새벽 2시 40분, 3시에 시작하는 새벽 예불에 참석하기 위해 찜질방 바닥처럼 달궈진 방바닥을 박차고 새벽 안개 속에 섰다. 새들도 아직 깃들어 있는 새벽. 도량을 흔드는 스님의 목탁 소리가 태초의 소리처럼 산야를 감돌아 다시 내 가슴으로 파고들었다. 집에서는 깊은 잠 속에 있을 시간인데 스님은 매일 이 시간에 일어나 산을 깨우니 스님의 하루가 존경스러웠다. 졸린 눈을 비비며 법당에 앉으니 2박 3일의 새해맞이 기도에 오기를 참 잘했다는 생각이 들었다. 무엇을 위해, 누구를 위해, 이 새벽에 차가운 법당에 엎드렸을까 하면서도 새해에 부딪치게 될 어떤 난관도 지금의 각오로 견디며 부처님께 기대어 마음을 풀어놓고 싶었다. 지금 이 순간 나는 그 무엇도 아닌 원시의 내가 되어 전생과 내생을 이어가는 찰나의 순간에 한갓 점으로 존재한다는 것을 알게 되었다. 새벽 예불 시작 전에 나지막하게 종을 치며 스님이 읊조리는 나옹선사의 시가 나를 타이른다.

청산은 나를 보고 말없이 살라 하고
창공은 나를 보고 티 없이 살라 하네
사랑도 벗어 놓고
미움도 벗어 놓고
물같이 바람같이 살다가 가라 하네
청산은 나를 보고 말없이 살라 하네
창공은 나를 보고 티 없이 살라 하네
성냄도 벗어 놓고
탐욕도 벗어 놓고
물같이 바람같이 살다가 가라 하네

미륵암에는 이곳에서 수행하다가 공민왕의 스승이 되어 가셨다는 나옹선사를 기리기 위해 나옹대가 조성되어 있다. 나옹대에서 하는 염불은 곧바로 하늘에 닿을 듯하다. 가만히 눈을 감고 듣는 스님의 나지막한 음성은 부처의 음성인 듯 영혼을 어루만져 주었다.

새해 아침을 이렇게 시작하다니 올해는 참 좋은 일이 많이 생길 것 같은 예감이 들었다. 물같이 바람같이 걸림 없는 삶이 되기를 염원하며, 경쟁과 아만심으로 괴로웠던 시간을 내려 놓고 잠시 착한 내가 되어 본 시간이었다.

미얀마의 파고다

　불교대학 도반들과 불교국가인 미얀마로 성지순례를 다녀왔다. 미얀마는 영국의 식민지하에 있다가 우리가 일본으로부터 독립한 1945년 같은 해에 독립한 공통점이 있다. 눈부신 5월의 우리나라를 뒤로 하고 아열대기후인 영상 30도를 오르내리는 곳으로 간다는 것은 별로 내키지 않았지만, 여행은 언제나 새로운 것에 대한 기대를 준다. 미얀마로 가는 비행기는 저녁나절에 출발해서 얼마 지나지 않아 비행기 날개 위로 저녁노을이 붉었다. 점점 검어지는 창을 내리고 이제부터 만나게 될 새로운 것들에 대한 상상에 빠져들었다.
　미얀마에 대한 사전 정보를 익힐 시간적 여유가 없어 겨우 소승불교가 이어지고 있다는 정도밖에 알 수 없었다. 여행의 설레임은 새로운 연인을 만나는 것 같고, 여행지에서는 나 아닌 다른 사람이 되고 싶기도 하다. 또한 여행은 동반자에 따라 아주 많은 것이 달라지는 경향이 있는데, 이번 여행은 2년 동안 경전 공부를 같이한 불교대학 도반들과 함께하게 되어 더 바랄 게 없었다. 같은 곳을 같은 느낌으로 바라볼 수 있다는 것만으로 절반은 성공인 여행이었다.

　미얀마의 옛 수도인 양곤(우리에게는 랭군이라고 알려진 도시)에 있는 양곤공항에 내리니 미얀마 시각으로 밤 11시가 되어 있었다. 제대로 계산하면 새벽 1시가 넘어야 하는데 거꾸로 2시간 반쯤 시간을 벌었지만 돌아갈 때 다시 없어지는 시간이라 여행할 때는 가끔 시간에 관해 어지럼증이 날 때도 있다.

첫 여행지는 에 레 파고다로 양곤에서 한 시간쯤 걸리는 양곤 강에 있는 사원으로 아무리 비가 와도 물에 잠기지 않는 곳으로 알려져 있다. 평생에 한 가지 소원은 꼭 들어준다는 얘기가 전해져오는 사원이기도 하다. 나룻배를 타고 강을 건너 사원에 도착했다. 예 레 파고다 앞에는 부처님께 올릴 꽃이나 향을 살 수 있는 시장이 형성되어 있었다. 처음엔 부처님께 올리는 공양구만 팔았을 테지만 사람들이 몰리니 다른 생필품과 관광상품도 같이 팔고 있었다. 미얀마는 모든 사원에서 맨발로 출입해야 한다고 해서 배에 신발을 벗어 놓고 맨발로 부처님 앞에 섰다. 우리나라에서는 맨발로 법당에 들어가는 것을 예의에 어긋난다고 생각하는데 나라마다 격식이 다르다니 부처님 법 또한 해석이 다를 것 같았다. 서로 한 가지 소원이 무어냐 물어보며 웃었지만, 가슴에 담은 한 가지 소원은 누구에게나 있을 것이다. 나는 돈 많이 벌어 잘 살게 해달라는 세속적인 소원을 빌며 아직은 공부가 모자라는 불자임을 자책했다. 그러나 부처님께서는 어리광부리듯 하는 철없는 나의 소원을 들어주실 것이다. 도반들 역시 저마다의 소원을 비는지 눈을 감고 부처님 앞에 두 손을 모으고 있었다.

마하시 위빠사나 명상센터에서 만난 공양의식이 색다르게 다가왔다. 스님들은 하루 한 끼 식사를 하는데 본인들이 먹을 음식을 탁발해서 구한다. 그것을 모아 다시 나누기 위해 줄을 서고 그 한 끼의 식사에 감사하는 모습을 보며 호텔에서 이것저것 배부르게 챙겨 먹은 내 배를 내려다보았다.

재가불자들이 스님들께 공양하기 위해 음식을 머리에 이고 한 줄로 서서 스님들이 식사를 기다리는 곳으로 행하는 행렬은 엄숙했다. 미얀마에는 남자들이 누구나 우리나라 군대 가듯이 출가하여 스님으로 일정 기간 수행하는 〈신퓨〉라는 제도가 있어서 어린 남자아이들도 승복을 입은 모습을 많이 볼 수 있었다. 그래서인지 미얀마 스님들은 우리나라 스님들과는 다르게 대중 속에 편하게 섞여 있었다. 편히 그늘에 앉아 대중들을 바라보는 모습에서 친근함이 느껴졌다. 어린 나이의 승려들이 많아서 더욱 그런 생각이 들었는지도 모르겠다. 농촌으로 가는 배 안에서 우리 일행을 보며 미소짓던 어린 스님의 눈동자가 오래 기억에 남을 것 같다.

미얀마에는 정식 비구는 있으나 정식 비구니는 없고 8계만 지키며 수행하는 분홍색 가사를 입은 여승이 있었다. 우리 스님들은 비구는 250계의 계를 받고 비구니는 더욱 수행이 어려워서 348계를 받아야 한다. 8계를 받아 지키는 미얀마 여승의 수행은 우리나라 비구니 스님에 비하면 쉬울 것 같은 생각이 들었다.

미얀마, 타이, 라오스, 스리랑카 등지에는 남방불교 또는 소승불교라 하여 출가자들이 석가모니 시절의 근본 교리를 기본으로 스스로 수행하여 깨달음을 이루어 아라한이 되는 것을 목표로 하고 있다.

이에 반해 우리나라, 중국, 일본, 티벳을 중심으로 이루어지는 북방불교의 수행법은 중생구제를 목표로 하여 혼자만의 깨달음이 아니라 타인을 보살피는 보살의 역할을 이상으로 삼고 있다. 이를 대승불교라 하며 모든 중생이 부처가 될 수 있다는 사상으로 재가불자의 해탈에 깊은 의미를 부여하기도 한다.

차옥탓지 파고다의 거대 와불은 아름다운 여인의 모습을 하고 있었다. 67m의 길이로 길게 누운 와불의 발바닥에는 150가지 범부의 삶의 모습이 새겨져 있어서 인간 군상의 삶을 살펴볼 수 있었다. 그 모든 그림은 자신의 업에 따라 윤회하면서 살아가는 인간의 모습이었다.

현재 인간의 모습으로 살 수 있음에 감사하며, 인간의 몸을 다시 받기가 결코 쉽지 않다는 것을 가끔 잊을 때가 있다. 윤회의 사슬을 끊고 천상에 나기를 모두 기원하지만 끊임없는 정진을 해야 할 것이다.

기억에 남는 미얀마 최고의 사찰은 쉐다곤 파고다였다. 100m 높이와 둘레가 420m나 되는 금빛 탑의 위용이 대단했다. 탑 꼭대기를 다이아몬드로 장식하고 루비와 에메랄드가 박혀 있어 부처님께 칠보로 보시한다는 말씀이 생각났다. 주말이어서 많은 사람이 종이처럼 얇게 만든 금 조각을 부처님 형상에 붙이며 기도를 올리고 염불을 하고 있었다. 금으로 다듬어진 경내를 돌아보며 아름다움에 숨이 막혔지만, 그것이 정말 부처님 생전에 만들어졌을까 하는 의구심도 들었다.

금빛 탑 사이로 저녁노을이 환상적이어서 정토삼부경에 나오는 천상의 모습 같았다. 금강경에는 세상에 가득한 칠보로 보시하더라도 또 한 사람이 있어 부처님 말씀을 믿고 행하고 그것을 풀어 남에게 전달하여 준다면 그가 받을 복이 그보다 나으리라 하며 형상이나 음성으로 여래를 보려 한다면 결코 여래를 볼 수 없다고 하는 구절이 있다. 이 구절을 되뇌며 금 조각을 구하지 못하는 나 같은 중생이 그나마 부처님께 다가갈 수 있는 방편이 있다는 것을 생각하니 다행이었다.

 미얀마를 떠나며 눈동자가 아름답던 아이들이 가슴에 남았다. 하늘은 맑고 아름다웠지만, 환경파괴가 많은 그들에게 부처님의 자비가 이어져 행복하기를 기도했다. 예 레 파고다에서 빌었던 한 가지 소원이 어떤 것이든 나는 잠시 일상을 떠나 한가로울 수 있어 좋았고, 도반들과 함께 부처님의 행적에 대해 배울 수 있어 행복한 시간이었다.

섬

 섬이라는 단어가 내게 주는 의미는 막연한 그리움 같은 것이다 이청준의 이어도를 읽으며 가졌던 느낌이 그랬고 쉬이 갈 수 없는 곳에 대한 막연한 동경이 담겨 있기도 했다.
 이번에 홍도 흑산도로 가는 여행에 동참하게 된 것도 그런 그리움에서였다. 물론 학우들과의 여행은 언제나 편안하고 즐거운 시간이었지만 이번 여행에 대한 기대는 나름대로 섬에 대한 그리움이 더 컸다고 할 수 있다.
 새벽부터 서둘러 학우가 운전하는 여행사 버스에 오르니 먼저 탑승한 학우들이 반겨 주었다. 서울을 벗어나 고속도로를 달리며 주말여행의 행렬 속에 합류하고 보니 어제까지의 일상은 어느 새 머리 속에 없었다. 그래서 여행이 좋은 것이다.
 목포에 도착해 홍도행 여객선에 오르니 좌석이 마치 비행기 좌석처럼 되어 있었다. 작은 섬으로 가는 배에는 여행객들이 가득 차 있었고 일행들과 아침부터 소주잔을 기울이기도 해서 내가 꿈꾸던 선상의 낭만이라는 것은 단박에 깨지고 말았다. 물론 선상으로 나갈 수도 없게 되어 있어서 답답한 객실의자에 앉아 2시간 30분을 견뎌야 했다. 마지막에 동문의 기지로 잠시 선상에 나가 포말을 내뿜는 배 뒷전에서 잠시 머리를 식히긴 했다.

홍도는 작은 섬이지만 배에서 쏟아 놓은 주말 관광객들로 시끌벅적했다. 비탈을 따라 지어진 모텔과 민박집들로 경운기를 개조한 리어카 같은 탈 것이 사람도 짐도 나르며 부산하게 움직이고 있었다. 모텔에 짐을 풀고 홍도 전체를 내려다 볼 수 있는 깃대봉을 향해 등산을 시작했다. 해발 368미터라 해서 쉽게 생각했는데 의외로 가파른 경사가 오랫만의 산행을 아주 힘들게 했다.

  그러나 깃대봉 정상에 올라 내려다보니 언제나처럼 정상 정복자들이 갖는 희열이 느껴졌다. 해변에서 먹는 저녁은 메뉴와 상관없이 즐거웠고 홍도의 낙조를 감상할 수 있는 아주 좋은 자리였다. 밤 깊이 잠 못 드는 여행자들은 술에 취하고 자연에 취하고 숨을 들이쉬며 단내나는 공기를 품었다. 숙소로 돌아오는 어둔 길목을 비추는 너무도 노란 색깔의 초승달이 어린시절의 크레파스화 같다는 생각을 했다. 멀리서 여행자들이 부르는 홍도야 우지마라는 노래를 들으며 숙소로 와서 창에 코 대고 바다를 보려 했지만 칠흑의 어둠 속에 소리로 남은 바다를 가슴에 안고 잠을 청했다.

  아침 일찍 홍도 일주 유람선을 타기로 되어 있었는데 새벽에 눈을 뜨니 비가 오고 있었다. 오랜만의 단비이기는 한데 여행중에 만나는 비는 조금은 성가시다. 그러나 섬은 조용하게 가라앉아 비로소 내가 그리던 섬 다운 느낌이었다.

  홍도 일주 유람선에는 무성영화의 변사처럼 가는 곳의 풍경을 설명하는 사람이 있었다. 비 오는 홍도는 이름처럼 붉은 바위들이 더욱 붉게 아름다웠다. 아직은 물이 맑은 계절이 아니라고 했지만 봄에 다녀 온 푸켓의 풍경보다 나쁘지 않았다.

처음에 홍도에 도착해서 다들 왜 이곳을 그렇게 많은 시간을 들여서 오는지 모르겠다고 했는데, 깃대봉을 오르고 섬 일주를 하면서 사람들이 홍도를 찾는 이유를 알 것도 같았다.

유람선에서 다시 흑산도행 배를 갈아타고 흑산도 항에 도착하니 비는 조금 가늘어졌다.

흑산도 하늘엔 비안개가 생겨서 고즈넉했다. 여행사 버스를 타고 흑산도 일주를 했는데 홍도와 다르게 흑산도는 크기는 홍도의 열 배나 된다고 하는데 느낌은 더 한산했다.

버스 기사는 구수한 전라도 사투리로 흑산도를 설명했다. 전라도 사람들의 방담은 언제나 듣는 사람들을 끌어당기는 무언가가 있어서 우리를 즐겁게 한다. 그도 그렇게 우리를 재미있고 즐겁게 흑산도 일주를 하게 해 주었다. 흑산도 아가씨 노래비 앞에 차를 세우고 잠시 흐르는 구름도 보고 굽이굽이 27년이나 걸려 완성했다는 흑산도 일주도로를 내려다보기도 했다.

흑산도는 유배지로 알려진 곳이어서 정약전의 유배 시절에 살던 집을 복원해 놓은 것을 지나치면서 그네들이 가졌던 참담함이나 외로움이 얼마나 컸을지 짐작이 되었다.

그래도 그 예전엔 섬 밖의 사정을 잘은 몰라서 주민들이나 아이들이 뭍에 대해 동경이 없이도 살 수 있었겠지만 지금은 다양한 매체로 인해 섬 밖의 생활을 알 수 있으니 이곳에서 태어나 사는 젊은이들의 답답한 심정이 어떠할지 걱정스럽기도 했다. 버스 기사도 마을에 여자들이 없어서 노총각이 많다고 했다. 흑산도 포구의 작은 가게들에서 홍어와 말린 생선들을 팔고 있었는데 여름 주말에나 손님이 있어서 그때가 아니면 겨울엔 사람 구경도 힘들다 했다.

그야말로 옛날식 시골 다방을 발견하고 잠시 차라도 한잔 할까 했는데 문을 열어 놓은 채 여주인은 오간 데가 없었다. 그녀가 써 놓은 메뉴판에서 쭈수라는 메뉴를 읽으며 그녀가 한글을 겨우 읽고 쓸 수 있는 수준의 여인임을 느꼈다. 그녀는 지금 어디 가 있을까?

어느 뱃놈들의 농지꺼리에 하릴없이 시간을 보내고 있는지도 모르겠다는 생각을 했다.

젊어서 서울행 배를 타고 타지를 돌다가 이제 나이 들어 고향에 와서 하루에 한두 잔 팔리는 차를 배달하며 그리 사는 여인인지도 모르지……

여행자들을 향해 물건을 팔아보려는 아낙들의 수줍은 몸짓과 도로 곁에 도마를 놓고 생선을 다듬는 젊은 청년의 손길에 눈을 멈추며 잠시 한숨을 내쉬던 것은 비에 젖은 작은 포구에서 내가 가진 삶의 교만인지도 모르겠다.

비 개인 흑산도 항에서 목포를 향해 배에 오르니 나른한 피로와 함께 졸음이 몰려왔다.

출발하면서 잠시 높은 파도가 우리를 두렵게 했다. 한 시간쯤 단잠을 잤지만, 아직도 뭍에 닿으려면 한 시간 반은 더 있어야 했다. 섬으로의 여행은 본인의 의지만으로 이동이 어려워서 다시 생각해 볼 일이었다. 물론 비행기를 타는 여행도 마찬가지겠지만 이상하게도 배는 더 어려운 생각이 들었다. 목포항에 내리니 이제 나 혼자서도 어디든 갈 수 있다는 생각에 안도의 한숨이 쉬어졌다.

인생 내비게이션

그녀를 만나기 위해 내비게이션에 주소를 입력했다. 예약하고 기다리는 동안 많은 갈등이 있었지만, 일주일이나 예약이 꽉 차 있다니 기대를 하게 되었고 먼저 10만 원을 입금했으니 포기할 수도 없어 잠실에서 송도까지 가게 되었다. 인천대교를 건너는데 하늘은 미세먼지와 농무로 앞이 안 보였다. 인천대교는 시원한 드라이브 코스인데 지금의 내 형편인 듯 다리 중간에 매달린 안개등을 보며 달려야 할 만큼 길은 앞이 안 보였다. 답답한 마음이 한숨으로 터져 나왔다. 앞을 모르고 처음 가는 길, 생전 처음 보는 여자를 만나러 가는 길에 내비게이션은 아주 또렷한 목소리로 길을 안내하고 있었다. 그녀는 무당이다. 유튜브에서 그녀를 보고 내비게이션처럼 내 앞길을 열어주기를 기대하며 신점을 치는 그녀의 말에 끌려 지금 그를 만나러 가고 있다.

바다가 보이는 송도 21층에 자리한 그녀의 아파트 초인종을 누르고 길게 숨을 들이쉬었다. 점 집을 처음 방문하는 것도 아닌데 이상하게 긴장이 되었다.

나는 이즈음 사무실 이전 문제로 많이 고민하고 있었고 계속 적자인 이 일을 이어가야 할지에 대해서도 생각을 깊이 하는 중이었다. 문을 열어주는 그녀는 한가로운 실내복 차림이었다.

화면에서보다 훨씬 어려 보이는 무당이었다. 실내로 들어가니 모셔놓은 신당의 모습이 현란할 뿐 다녀간 사람의 흔적은 보이지 않았다. 일주일이나 예약이 밀려있었다면 대개는 응접실에 사람들이 기다리고 있고 접수를 하거나 전화를 받는 사람이 별도로 있는데 이곳엔 그녀 혼자여서 물었더니 혼자 한다고 했다. 속았구나 하는 생각을 하며 그녀 앞에 다가 앉았다. 유튜브 속에서 그녀는 당신의 인생을 바꾸어 주겠노라며 웃고 있었는데 마주 앉으니 헛웃음만 나왔다. 점 집을 다녀 본 경력이 있는지라 그래도 어느 정도의 실력인지는 대략 가늠이 되어 심드렁하게 현재의 고민을 말했더니, 그녀는 내 얼굴만 빤히 쳐다보다가 요즘 경기가 다 그러하니 조금 참아보라며 나이가 있어 건강이 우선이니 건강에 신경을 쓰란다. 이런 말을 듣자고 일주일이나 기다려 두 시간을 차를 몰고 온 내가 한심한 생각이 들었다. 오늘 나는 되지도 않는 실력으로 복채나 노리는 나보다 불쌍한 중생에게 10만 원을 보시했구나 하며 집으로 돌아오는 동안 내 사주팔자에 대해 생각해 보았다.

 나는 가끔 점을 보러 다닌다. 일이 잘 안 풀릴 때, 새롭게 결정할 일이 있을 때, 새해가 되어 한 해의 신수를 보게 될 때, 점 집에 가서 상담하곤 한다. 사실 점이란 것이 내가 결정해 놓은 것에 관한 확인이나, 안 되는 것에 대한 위로 정도가 대부분이지만 그래도 내가 생각하는 점은 인생 내비게이션이라 생각한다. 오늘처럼 형편없는 무당을 만나는 일도 있지만 - 멀쩡한 대로를 두고 골목길로 안내하는 내비게이션처럼 - 내가 가 보지 않은 길이나 해 보지 않은 일에 대해 고민할 때 약간의 계시를 얻으면 마음이 편해지기 때문이다. 안 좋은 일이 있을 거라고 조심하라면 말이나 행동을 조심스럽게 가질 수 있어서 비가 맞을 일을 우산을 준비한 격이라 생각하기도 한다. 겪어 본 바에 의하면 사주팔자는 비껴갈 수 없다는 것을 나이 들면서 더욱 느끼게 되는데 한 해 신수를 보면서 그해에 조심해야 할 것이나 사람과의 관계에서 닥칠 일을 알려주기도 하니 아주 끊기 힘든 유혹이다. 한 번은 친구와 함께 신점을 보는 곳에 갔는데 무당인 그녀는 지나간 일은 접어두고 미래만 말해준다고 했다. 친구 이름을 적자마자 메모지 한쪽에 유방암이라 썼다. 우리는 얼굴을 마주 보며 피식 웃었다. 그러나 그녀는 자신만만한 얼굴로 빨리 병원 가보라 하는 것이었다. 그러나 심각하지는 않으니 걱정하지 말고 빨리 병원 가서 검사해 보라 했다. 혼비백산한 친구는 설마 하는 심정으로 병원에 가서 검사했고 놀랍게도 유방암 진단을 받았다. 그녀 말대로 다행히 순한 암이라 수술이 어렵지 않았다지만 아직 항암치료 중이다. 만약 무당을 찾아가지 않았으면 병을 키워서 더 힘들게 항암을 했어야 하지 않았을까 하는 생각이 들어 소름이 돋았다. 나는 사무실 터에 터줏대감이 없어 잡신들이 모여들어 방해가 많아 일의 성사가 이루어지기 힘들다고 했다. 그래서 노력을 해도 좋은 결과를 볼 수가 없어 힘이 든다고 사무실을 옮기는 것이 좋다 했다. 기분 탓인지 정말 터줏대감 때문인지 옮긴 사무실은 오는 사람마다 기운이 좋아 보인다고 하니 앞으로 돈 벌 일만 남아 있다.

신라에서는 첨성대에서 별을 보며 미래를 점치기도 했고, 조선 시대에는 관상감을 두어 음양 오행에 관해 연구하였다니 인간의 미래에 대한 궁금증은 나만의 일은 아닌 것 같다. 새해가 시작될 때 모두 재미로나마 토정비결을 보기도 하는데 요즘엔 스마트폰에 점을 치는 앱이 있어 젊은이들도 많은 관심을 가지며 하루에 점을 보는 앱에 접속하는 수가 20만 건이나 된다고 한다. 유일신을 주장하는 기독교인들의 절반 정도가 점을 본다고 하니 단순한 호기심은 아닌 듯하며 실제로 내가 점을 보러 간 어떤 집에서 어디로 가서 목회를 시작해야 신도를 많이 모을 수 있냐고 물어보러 온 목사님을 본 일도 있다. 사람마다 타고난 팔자가 있어서 노력한다고 다 이룰 수 없는 일이 있다는 것을 느끼곤 한다. 생년월일이 같다고 다 운명이 같은 것이 아니고 내가 가진 부모, 집안, 조상, 이런 것들이 어우러져서 나의 운명을 결정짓는다고 한다. 부모가 반 팔자라는 말도 있듯이 내 사주가 아무리 좋아도 공부할 수 있는 환경이나 능력이 안 된다면 성공으로 가기는 힘든 것이라는 말이다. 태조 이성계가 반란으로 조선을 세우고 자기와 같은 생년월일의 사람이 있어 왕위를 넘보게 될까 봐 전국을 뒤져 생년월일이 같은 사람을 찾아 제거하려 하였으나 그가 자기의 백성보다 많은 수의 벌을 거느린 양봉업자이어서 살려두었다는 일화도 있다.

  점을 치는 사람들의 종류도 아주 다양하다. 주역이나 명리학을 연구하여 점을 치는 철학관, 관상, 수상, 족상 등으로 점을 치는 사람, 신내림을 하여 점을 치는 무당, 박수무당 그리고 그림책으로 글을 모르는 사람들에게 보여주던 당사주 등 여러 가지 방법으로 미래를 읽어주는 사람들이 있다. 내가 겪어본 바에 의하면 점을 치는 사람들도 전문 분야가 있어서, 자기가 원하는 점을 잘 보는 사람을 찾는 것이 관건이라 여겨진다. 병을 잘 읽는 사람에게 바람난 남편을 찾아 달라고 찾아간들 답을 얻기가 힘들다는 말이다. 그래도 여기저기서 일관되게 말해 주는 것이 나의 타고난 팔자라는 생각을 하게 된다. 내가 태어나서 부산까지 가야 하는 운명이라면 어디서 누구를 만나고 어떤 노력을 하느냐에 따라 비행기를 타고 갈지. 버스를 타고 갈지, 걸어가야 할 지가 달라질 뿐이지 부산까지 가야 하는 것은 변하지 않는다는 것이다.

  이상한 무당을 만나 내 기대가 사라지긴 했지만, 오늘보다 내일이 항상 나아진다고 말해 주었던 점사들의 말을 위안 삼아 힘든 시절을 견뎌왔는지 모른다. 사실 나는 어제보다 항상 오늘이 좋다. 점에 너무 연연하여 할 일을 안 하고 팔자 타령을 하는 것은 안 되지만 나는 내일에 기대를 걸며 연무가 가득한 인천대교를 건너왔다.

핀란드 증후군

아침신문에 우리나라가 세계에서 6위의 강대국이라는 기사를 보게 되었다. 뉴스앤 월드리포트(USNWR)에서 그 나라의 경제·정치·군사력 등을 종합평가하여 다른 나라에 영향력을 줄 수 있는 순위를 결정했다고 한다. 세계지도 한 귀퉁이에 조그맣게 자리 잡은 나라로서는 대단한 힘이 아닐 수 없다는 생각이 들어 우리나라의 현주소에 대해 살펴보게 되었다.

강대국 순위는 역시 미국이 1위이며, 중국, 러시아가 그 뒤를 잇고 일본은 8위에 있어서 일본을 제쳤다는 것에 우쭐한 기분이 들었다.

국토면적은 223,516㎢ 남한만은 100,413㎢로 세계 108위의 작은 면적으로 1인당 국민소득 35,000$인 세계 10위의 경제력을 지니고 있다는 것도 자긍심 가질 만한 일이다. 또한, 간척으로 국토면적을 꾸준히 늘리고 있으니 그 또한 대단한 노력이다.

인구수로는 세계 전체 80억 가까운 인구 중에 남한이 약 5130만 명으로 29위이며, 북한이 약 2600만 명으로 56위를 차지하고 있어서 합하면 약 7730만 명으로 약 8380만 명으로 19위인 독일과 20위인 태국의 약 7000만 사이에 끼게 된다.

세계지도에 등록된 국가 수는 237개국으로 약14억 인구의 중국과 799명의 국민으로 국가등록이 된 바티칸시국 같은 나라도 있으니 천차만별이긴 하다. 인구 1만 명 이하의 국가도 7개국이나 되었다.

우리나라는 1996.12월 OECD(Organization for Economic Co- operation and Development)에 가입하여 현재 38개국인 회원국 중 29번째 가입국이다. 애석하게도 가입한 다음 해에 IMF 구제금융을 신청해야 하는 어려운 상황이 되었지만, 4년만인 2001년에 구제금융사태를 종결하여 가장 빨리 IMF 사태를 벗어난 나라이기도 하다. 어려우면 뭉치는 국민성이 집집마다 간직한 금을 모아 헌납한 덕분이기도 할 것이다.

그러나 우리는 OECD 가입국 중 출산율이 가장 낮으며, 자살률은 가장 높은 나라라는 오명을 가지고 있다. 요즈음 4년 동안 20·30세대의 우울증 진단은 50%가 늘었다는 통계를 보면 우리 젊은이들이 정신적으로 많이 힘들어 하고 있다는 생각이 든다. 행복하지 않다는 말이다.

우리나라 행복지수는 세계 59위로 중위 수준이다. 행복지수가 가장 높은 나라는 핀란드로 연속 5년간 1위를 유지하고 있다. 핀란드 증후군이라는 건강에 대한 그네들의 생각을 보더라도 그들이 마음의 평안을 중요시 한다는 생각이 들었다. 핀란드 증후군은 두 그룹의 대상자들을 나누어 한 그룹은 소금, 설탕, 술, 담배 등 절제와 규칙적 생활을 하도록 하고, 다른 한 그룹은 먹고 싶은 대로 먹고 행동하도록 했는데, 마음대로 살아온 그룹이 15년 후 더욱 건강하게 오래

장수했다는 실험결과이다.

　하버드대에서 85년 동안 이어진 행복지수에 관한 연구에 의하면 행복은 학벌, 돈, 명예보다는 관계의 맺음에서 더 많은 영향을 받는다고 발표했다. 인간관계에 만족하면 몸도 더 건강해지며, 인생에 있어 중요한 것은 사람들과의 따뜻하고 의지할 수 있는 관계라고 설명하였다.
　우리는 빠르게 진행된 산업화 과정에서 돈을 좇아 이기적으로 살다 보니 관계의 맺음이 소홀해지고 단절되어 버린 부작용이 아닐까 하고 생각했다. 좋은 대학 나와서 좋은 회사 가고 그래서 출세하는 것이 지상의 목표가 되어버린 사회에서 낙오감을 느껴야 하는 많은 젊은이들이 있었고 현재도 그러하다. 관계에서 가장 중요한 것은 자신과의 관계라고 한다. 보이지 않는 자신과의 관계에서 자긍심을 가지고 살아야 한다는 것이다. 그러나 비교에서 생기는 상대적 박탈감이 더 우울하게 만들고 SNS에 올라오는 사람들의 화려한 삶의 모습에 주눅들어 있다. 이건 아닌데 하면서도 눈으로 보이는 것에 내 행복은 남아 있지 않다. 돈을 우선시하는 생각이 관계를 소홀히 하게 되고 그래서 돈 많은 사람도 행복하지 않다. 베이비 부머 시대의 장년들 역시 일에만 매달려 살다가 이제 은퇴하고 보니 일한만큼의 보상이 없어서 슬픈 세대가 되었다.

　하지만 우리는 저력 있는 국민이다. 핀란드가 제1의 자살 국가에서 제1의 행복 국가가 되었듯이 우리도 할 수 있다. 이제부터라도 관계의 회복을 통해 행복지수를 높혀간다면 더욱 살고싶은 나라가 될 것이다. 예전의 우리 문화를 되짚어 어른을 대접하고 이웃 간의 정을 나눌 수 있는 사회가 되었으면 한다. 가족 간에는 하루 한 끼라도 식사를 같이 하며 대화할 수 있는 시간을 만드는 게 중요한 일이다. 아직 오지 않은 미래에 대한 두려움으로 오늘을 버리는 일은 없어야겠다.

 K-pop을 선두로 드라마, 영화, 미용, 게임, 요리 등 다양한 방면에서 우리 문화가 세계를 향해 그 무대를 넓혀가고 있다. 세계 6위의 강력한 국가에 속한 우리는 뭐든 한다면 할 수 있다는 생각을 하며 새해를 맞이했다.

화가 차 있네요

"뒤통수에 화가 잔뜩 들어 있네요. 그것만 조심하면 말년이 아주 좋아요."

가끔 지나가는, 떠돌이 도장 파는 아저씨가 한 말이다. 도시락을 먹고 있는데 들어와서, 추운 날씨에 그냥 보내기 미안해 생강차 한잔 타 주었더니 덕담 삼아 관상 평을 해주었다.

"요즘엔 화 잘 안 내요. 나이 먹어 기운이 없어졌나 봐요. 하하." 그를 보내고 메모지에 〈화내지 말자〉 하고 적어보았다.

손님이 선물로 주고 간 귤이 한 상자 있어서 가까이 사는 고모에게 드릴까 하고 전화를 걸었다. 집으로 가겠다는 내 전화에 고모는 당황해하며 "집에는 있는데 그 집이 아니고 얼마 전에 이사해서 멀리 왔다." 하는 것이다.

고모는 내 사무실에서 10분 거리의 아파트에 살고 있었다.

"이사라니요? 언제? 어디로 가신 거예요? 말씀도 없으셨잖아요?" 황당했다.

그 집은 사촌 동생이 결혼 전에 분양받아서 성공적으로 재산을 불려 준 아파트였다. 위례신도시에 40평대 아파트면 20억에 가까운 집이니 결혼이 늦긴 했지만, 재테크는 제대로 한 것이다. 나는 그 집을 팔거나 전세 놓으려면 나에게 얘기하라고 부탁해 놓았었고 사실 멀지 않은 곳에서 중개사무소를 하는 언니가 있는데 그리 무시하고 거래하리라고는 생각하지 못했다.

동생은 마흔두 살에 인연을 만나 결혼을 했고 남편 집으로 들어가며 전세를 놓게 되었다. 나는 잔금 일정이 있어 결혼식에 참석을 못 하고 축의금만 보냈다. 그래서 그 동생은 어려서 보고 사실 만나지 못한 것이다. 고모님 댁에 갈 때도 중요한 일을 한다며 방에서 나오지 않아 얼굴 마주친 일이 없었다.

나는 고모에게 서운한 심정을 얘기했다. "언니가 가까운 데서 중개사무소를 하는데 어떻게 한마디 상의도 없이 그럴 수가 있나요?" 하면서 스멀스멀 화가 올라오기 시작했다.

"그러게. 걔보고 언니한테 얘기하자고 했더니 들은 체도 안 하고 자기가 알아서 한다고 가만히 있으라더라." 고모는 고생해서 키우긴 했지만, 부모도 재산 없이 딸 집에 얹혀 있다 보니 강하게 얘기할 수 없더라며 서글퍼했다. 지금은 경기도 광주 근처에 작은 빌라를 세를 얻어 주어 이사했다고 다녀가라고 했다.

내 생각에는 남 줄 수수료 절반만 줘도 좋을 텐데 내가 부끄러운 일을 하는 사람도 아니고 부모 말도 듣지 않는 동생이 야속했다. 얘기 중에 "내가 갔을 때도 방에서 나와보지도 않고 애가 싸가지가 없더라."라는 말이 나와 버렸다. 고모는 거기에 격앙해서 처음에 미안하다고 하던 말을 끊어버리고 나에게 화를 돌렸다. "너도 그러면 안 된다. 동생이 싸가지 없다니"로 시작된 설교가 길어졌다. 가슴이 울렁거리고 결국은 죄송하다며 사과하고 전화를 끊었다.

 귤 상자를 한쪽으로 밀쳐놓으며 〈화내지 말자〉고 써 놓은 메모지를 내려다보았다.
 수수료에 대한 욕심에서 비롯된 화가 나를 망쳐 놓았다. 그 동생이 혼기를 놓쳐서 걱정이라며 고모가 부동산에 사람이 많이 오니 잘 찾아보라고 부탁도 했었다. 자기 일을 잘 하는 아이이니 짝도 잘 찾을 거라며 위로했었는데 일이 이렇게 꼬여버렸다. 내가 결혼식에 참석 못한 것이 서운했을 수도 있지만, 우리 일이 자리를 지켜서 처리해야 하는 경우가 많으니 그 정도는 이해할 수 있지 않을까 했다. 고모가 얘기를 전달 못해서 자기 결혼식에도 안 온 언니라는 생각을 했을 수도 있다는 생각도 들었다.
 사실 그 동생은 어릴 때 부산에서 보고, 자라서는 만난 일이 없으니 언니라는 개념도 없을 것이다. 부산에서 가족이 올라온 것도 고모부가 정년을 마치고 한참 후의 일이니 위례에 와서 고모를 만난 것도 십수 년 만이다.

 요즘 가족이라는 개념은 한정적이어서 사촌은 자주 보는 이웃만도 못하다. 다른 사촌들 역시 결혼식이나 장례식장에서나 만날 수 있으니 얼굴 알아보는 게 다행이라는 생각이 든다. 그러니 가족끼리 돕고 산다거나 하는 생각은 아예 없어진 지 오래다. 친형제들도 명절 때나 보게 되니 인척이라는 것도 점차 사라져가는 단어가 되었다.
 그렇더라도 고모를 이해하기는 싫다. 내가 열심히 밥벌이하는 줄 알면서 그렇게 일거리를 다른 사람에게 넘겨 버리는 것은 아니라는 생각을 떨쳐버릴 수는 없었다. 동생 입장에선 얼굴도 낯선 나에게 일을 맡기고 맘에 안 드는 경우 따지기도 힘들 텐데 하는 생각이 들었을 수도 있다. 공연한 욕심으로 화를 부른 내가 멋쩍어졌다.

 사느라고 참아 온 화가 불쑥불쑥 고개를 드는 순간이 있다. 뒷통수에 쌓여 있었나 보다. 화를 참아야 말년이 좋다는 뜨내기 관상가의 말을 다시 새겨보았다.

626호 이야기

"그런 년들 거시기에는 말뚝을 박아 버려야 한당게."
격앙된 전라도 사투리에 설핏 든 낮잠에서 놀라 깨었다.
김금순,
626호 6인실 병실에서 제일 오래된 환자다. 백내장 수술과 간단한 이비인후과 수술 환자로 채워지는 이 병실은 길어야 4박 5일의 입원 기간이 지나면 대개는 퇴원하게 되는데, 그녀는 축농증 수술 후유증으로 벌써 3주째 자리를 지키고 있었다.
십 남매인 형제 중에 중간치기라는 그녀는 동생의 사망신고가 자신의 이름을 지워버려 실제 나이보다 아홉 살이나 적은 동생의 이름으로 살고 있다고 했다. 그녀의 병상 기록에 있는 나이와 너무 차이가 나 보여 그녀의 얼굴을 다시 한번 쳐다보기도 했었는데, 동생 나이로 산다니 이해가 갔다. 수술 후유증인지 태생인지 모르겠지만 그녀의 얼굴이나 몸은 부어 있었다. 32인치 바지를 입는 것이 소원이라는 그녀의 허리는 침대에 누워 있어도 꺼지지 않는 산 같았다. 그녀는 넉넉한 몸처럼 마음 씀씀이도 푸근했다. 새로 들어오는 환자들에게 관심을 보이며 이것저것 챙겨주기도 하고, 병원 시설의 위치를 알려 주고, 식사시간이면 다른 환자의 식판을 잽싸게 날라 주기도 했다.
나는 그녀에게 방장이라는 칭호를 붙여 주었고, 그녀는 병원에 오래 있다 보니 별 호칭을 다 받아 본다면서도 싫은 내색은 아니었다. 그녀는 남편 덕분에 많은 시간을 병원에서 보냈다며 의사나 간호사가 된 것처럼 수술 시간이나 병원비 추산액 기타 환자들이 궁금해할 일들에 대해 일일이 설명해 주곤 했다. 그것들이 어느 정도의 신빙성이 있는지는 모른다 해도 걸쭉한 전라도 사투리로 입심 좋게 떠드는 그녀의 얘기는 심심한 병실을 지루하지 않게 해 주었다.

그런 그녀가 화가 난 목소리로 떠드는 소리에 잠이 깬 것이다. 놀라 바라보는 나에게 비어 있는 옆 침대를 가리키며 "이 할머니 며느리 얘기여." 하며 부언하였다. 그녀 옆 침대 할머니는 충청도에서 올라왔다는데 백내장 수술을 하기 위해 수술실로 내려가고 없었다. 그녀의 얘기를 빌리자면, 그 할머니에게는 조금 전에 목발을 짚은 채로 수술실로 따라간 외아들이 있다. 그 외아들이 노동 현장에서 사고로 다쳐 2년 동안을 의식불명으로 살았는데, 그 아들에게는 당시에 세 살 다섯 살의 두 딸이 있었단다. 하지만 며느리 친정에서 사위가 깨어날 가망이 없다고 생각했는지 일 년이 채 되지 않아 데리고 가 버렸고 오래지 않아 재혼해 할머니는 두 손녀딸과 아픈 아들을 데리고 험난한 인생을 살았다 했다. 아들은 깨어나서 아내에게 버림받은 사실에 슬퍼할 겨를도 없이 두 딸을 위해 열심히 살았으며 두 딸이 스물세 살 스물다섯 살의 어여쁜 여인이 되었다 했다.

그런 얘기를 전하며 남편이 남자 구실을 못 한다고 새끼를 버리고 가는 것들은 말뚝을 박아 아랫도리를 못 써먹게 해야 한다며 분개한 것이다. 그때 건너 침대의 다른 여자 환자가 속사정이 어떨지 모르면서 그리 심하게 다른 사람의 인생에 관해 얘기할 사항은 아니라 했다. 같은 상황이라도 누구나 세상 사람들의 눈에 거슬리지 않는 모범답안으로 결정할 수는 없다며 그녀에게 싫은 내색을 했다.

 그녀는 한참을 씩씩대더니 자기가 이리 흥분하는 이유는 자신도 같은 경험을 했기 때문이라며 털어놓았다. 그녀는 결혼하여 이듬해에 군 생활 중이던 남편이 휴가를 다녀갔고, 귀대하여 훈련 도중 사고로 하반신 마비가 되어 30년을 살다가 5년 전에 혼자가 되었다 했다. 휴가 중에 생긴 아이가 지금 서른세 살이라며 아이를 버리고 가는 것들은 자기는 이해할 수 없다고 했다. 장애인인 남편과 살면서 겪은 일들을 얘기하며 그녀는 힘들게 살아온 시절을 잠시 돌아보는 듯했다. 그녀가 이리 분개하는 이유는 혹시 그녀는 버리지 못하고 끌어안고 산 세월의 보상이 허무한 때문은 아닐까? 아이를 바라보고 살았다고 자신을 위안해 보지만 이제 와 아들이 그녀의 인생에 어떤 존재로 남아 있을지 궁금해졌다. 아버지가 아픈 까닭에 아들을 일찍 결혼시켜 그녀 나이 오십 중반인데 벌써 열두 살짜리 손자가 있다고 했다. 그렇다면 그녀의 자랑처럼 아들이 제대로 된 직장을 가졌을까 생각되었다. 아들이 스물한 살에 아빠가 되었으니 공부나 직장을 제대로 잡을 수 있었을까도 의심이 되었고, 그녀가 얘기하듯 며느리 역시 외국 출장 중이라 병실에 들르지 못할 정도의 직업을 가졌다는 것도 믿기지 않았다. 가끔 손자와 전화하는 것을 들을 수 있었지만, 아들도 며느리도 전화 한 통 없었다. 혹시나 그녀의 며느리도 아이 하나를 남겨두고 사라져 버린 건

아닐까.

 병원에서 만난 사람들은 이렇게 한두 시간 만에 자신의 얘기를 털어놓는 데 주저함이 없다. 병마로 인해 자신을 버티고 있던 자존감이 약해진 탓도 있겠지만 여기서 만난 사람들은 일정 기간이 지나면 서로 모르는 곳으로 헤어져 다시 만날 가능성이 없다는 생각이 자신을 열어 보이는데 용감해지는 것 같다. 또한, 몸이 아파지면 마음도 쇠약해져서 누군가에게 기대고 위로받고 싶은 생각이 많아져 자신의 삶을 좀 더 근사하게 꾸미고 내가 이렇게 역경을 이겨냈노라 말하며 자신에게 위로를 주고 싶은 것인지도 모른다.

 하지만 자신의 인생을 누구에게 위로받을 수 있을까? 아무도 다른 사람의 인생을 위로할 수 없다고 생각한다. 가족조차도 위로가 되지 못할 때가 더 많아서 누구든 스스로 위로하고, 자신의 삶을 결정하고 그 결정에 대해 책임져야 할 것이다.
 남편과 아이를 버리고 떠나서 자신의 인생을 찾은 여인도 마음 한 구석에 항상 짐을 지고 있었을 것이고, 장애인 남편 곁에서 자신을 포기하며 살았다는 여인도 만족하게 살진 못했을 것이다.
 내 옆 침대에는 공교롭게도 노부부 두 쌍이 다정한 모습으로 서로를 감싸안으며 아픈 반려자의 밤을 지키고 있다. 이들에게 자식은 어떤 의미일까?
 그들은 서로의 병상을 지키며 지나온 세월을 돌이켜볼 것이다. 이제 머지않은 어느 순간에 갈라지게 될 서로의 행로에 대해 걱정하며 상대를 더 절실히 끌어안고 있는 것이다. 한 부부는 말없이 눈으로 서로의 생각을 나누는 모습이고, 다른 한쪽은 쉴새없이 사소한 것까지 서로 물어가며 잠드는 순간까지 말을 계속하는 모습이었다. 어느 쪽이 서로를 더 아끼고 사랑하는 것인지 알 수 없는 것처럼 다른 사람의 인생을 자신의 잣대로 재려 하지 말자는 생각이 들었다.

5부
신호대기중

신호대기중

　주말 아침, 늦잠을 잤다. 얼른 일어나서 아침 운동을 다녀와도 괜찮을 시간인데 움직이기가 싫다.
　침대에 엎드려 스트레칭과 플랭크를 잠깐 하고 내려왔다. 출근 준비를 해야 하는데 느리적거리며 실내를 걸어 다녔다. 어제 파마를 한 머리는 제멋대로 하늘로 날아갈 것 같고 한쪽 볼에는 베개 자국이 선명하다. 늘 같은 일상인데 이상하게 토요일이면 일하러 가기가 싫다. 출근길에 부부동반의 등산객을 만나는 것도 싫고, 가벼운 옷차림으로 저마다의 휴일을 즐기러 가는 모습을 보면 샘이 난다. 오늘은 도시락을 포기하고 맛난 점심이라도 먹어야 겠다며 출근 준비를 했다.
　출근 중 운전하면서 신호대기에 걸리면 신호등을 멍하니 바라보며 여러 가지 생각을 하게 된다. 그런 멍한 시간, 대상이 없는 그리움에 가슴이 조여오는 때가 있다. 사람에 대한 갈증이다. 많은 자동차. 길가에 스치는 많은 사람이 있지만, 나와는 아무 연관도 없다는 생각으로 무리에서 소외된 감정은 라디오에서 흐르는 음악에 따라 웃고 울게 되기도 한다.
　형이상학으로 시작되었던 젊은 날의 고뇌는 결국 하루하루를 살아내는 것으로 마감되면서 형이하학이 되어 버렸다. 삶을 고뇌하던 순간에 가졌던 내 개별성에 대한 질문들은 시간이 갈수록 사람들 속에 묻혀 평범해져 버렸다. 사람들 속에서 나를 드러내지 않고 존재 자체를 들키지 않고 살려고 노력했다. 그것이 알량한 내 자존심을 지키는 일이었다. 다가오는 사람들에게서 나를 지키는 방법은 침묵이었다. 무리 속에서 스스로 낙오시킨 셈이다.

여고를 졸업할 무렵 세상을 다 알 것 같았고 내가 원하는 것은 뭐든 할 수 있다는 오만이 있었다. 하지만 돈 때문에 대학을 포기하면서 주눅 든 인생을 살기 시작했다. 물론 전부터 돈의 위력이 얼마나 큰지에 대해 모르는 것은 아니었다. 그때까지는 어리다는 핑계로 외면할 수 있었다. 욕망이 줄어들면 좀 더 선하게 살아진다는 글을 읽으며 고개를 끄덕였다. 그런데 어린 날 보았던 노쇠한 노인의 나이가 된 나는 아직 욕망에 사로잡혀 있으니 선하게 살기는 글렀나 보다. 사람들은 나이 들어가면 먹고사는 일에 급급하지 말고 자신이 원하는 진짜 삶을 살라고 조언한다.

'개뿔'. 하루를 살아내기에 먹고 사는 일을 우선하지 않으면 더한 나락으로 떨어진 경험이 없는 호사가의 말이다. 눈물 젖은 빵을 먹어보지 않은 사람은 인생을 논하지 말라는 말처럼 배고프고 추운데 본인이 원하는 삶의 모습이 뭔지 가늠이나 되겠냐는 말이다. 사는 일에 재미가 없고 힘들어질 때 내가 살고 싶은 모습은 무엇일까 하며 어떤 하루를 상상해 보기도 한다.

휴일 아침 느긋하게 일어나 커튼을 열면 멀리 한강이 보인다. 커피를 내리고 요한 슈트라우스의 춤곡을 틀어 커피 향이 번지는 거실을 채운다. 평일의 각박한 타임테이블을 벗어나 토스트를 구우며 여유로운 시간을 즐긴다. 로봇 청소기가 이리저리 애완견처럼 실내를 돌아다니고 나는 음악에 맞춰 왈츠스텝을 밟아본다. 늦은 아침의 햇살은 벌써 눈부셔서 강물 위로 윤슬을 만들고 있다. 간단히 아침을 먹고 강변 산책을 나선다. 자전거를 타는 사람들, 아이들과 공놀이를 하거나 연을 날리는 아빠들, 한강공원은 마치 외국의 한 곳 같은 풍경으로 풍족하고 여유롭다. 산책을 마치고 돌아와 한껏 경쾌한 차림으로 외출을 한다. 보고 싶은 사람들과 만나 맛있는 점심을 먹고 가까운 야외카페에서 담소를 나누다 돌아오면 어느새 저녁 시간이다. 노을이 아름다운 강을 바라보며 노트북을 꺼내 일상을 적으며 하루를 접는다.

 이렇게 내가 살고 싶은 모습의 한 장면을 그려보는 것이 내 각박한 현재를 탈출하는 시간여행이다.
 인간의 끝없는 욕망에 대해 말하는 〈괴테〉의 파우스트를 연극으로 한다니 보러 가볼까?.
 나는 지금 출발선에서 전열을 가다듬으며 신호대기중이다. 얼른 파란불이 켜지면 좋겠다.

수도꼭지에서 놀고

난 참 이상한 성격이다. 눈에 거슬리는 행동을 하는 사람을 보면 타이르고 싶어진다.

고등학교 때 친구들이 사감 선생이라는 별명을 붙여준 것을 보면 어지간히 까탈스러웠나 보다. 교복 깃에 잔뜩 풀을 먹여 세우고 허리띠를 졸라매고 나타나면 친구들은 내 깃을 통통치며 재미있어 했다. 모범생 코스프레가 좋았다.

졸업 후에 몇 친구와 계속 모임을 이어갔는데 한 친구가 꼭 모임 시간에 늦었다. 예전엔 길에서 기다리는 경우가 많았는데 늦은 친구에게 연락할 방법이 없어 날씨가 좋지 않은 날은 그 친구가 더욱 미웠다. 그 애가 나타나면 다른 친구들은 모두 반갑게 맞아 주었는데 나는 꼭 한마디라도 해주곤 했다.

'조금 일찍 준비하고 나왔어야지.'라든가, '다음에 또 늦으면 벌금 내라.' 하며 정색을 했는데 친구들은 웃으며 지나가곤 했다. 그럴 때면 난 혼자 기분이 나빠지기도 했으니 참 좋지 않은 성격이다.

사회생활을 하면서 그런 성격을 고치려고 많이 노력했다. 질서에 어긋나서 듣는 소리라 해도 싫은 소리를 듣고 좋아할 사람은 없다. 나와 직접 관련이 없으면 지나치리라고 다짐하면서도 길에 담배꽁초를 던지고 가는 사람을 보거나, 침을 뱉으며 가는 사람을 보면 쫓아가고 싶은 충동이 일곤 한다. 요즘엔 그러다가 얻어맞기 십상인 세상인데도 말이다.

 오늘도 체육센터에 운동하러 갔다가 기분 나쁜 상황을 마주하게 되었다. 체육센터 샤워장에서 일이다. 샤워장은 여러 가지 운동팀들이 모여서 씻게 되어 있는데, 수영팀은 운동 전후에 두 번 샤워하게 되어 있다.

 헬스를 하는 나는 수영팀과 마주치지 않는 시간을 골라 샤워장에 가는 편이다. 어쩌다 마주치면 복잡하기도 하지만 개중에 몇이 샤워가 끝난 후에도 더운물 꼭지를 틀어놓고 수다 삼매경인 모습이 보기 싫다. 양치질은 화장실에서 하라고 쓰여 있지만, 더운물 꼭지 밑에서 하염없이 이를 닦는 사람도 있다. 글자 앞으로 몸을 밀어주고 싶은 생각을 하기도 한다.

 샤워장 벽에는 낭비되는 물은 수강료 인상요인이라는 안내문구가 붙어 있다. 그런데도 아랑곳없이 더운물로 몸을 덥히는 여인들이 못마땅하다. 그런데 오늘은 어쩌다 보니 시간이 겹치게 되어서 그 여인들을 만나게 되어 뭐라고 한마디 하고 싶어 입술을 오므렸다 폈다 혼자 대본 연습하듯 했다. 어휴 더운물을 진짜 너무 오래 쓴다며 웅얼거리는 소리를 옆에서 씻던 헬스장 동료가 듣고 웃었다. 동지를 만난 듯 그녀에게 더운물을 너무 함부로 쓰고 있어서요 하며 입을 삐쭉거렸다. 우리 대화를 들었는지 수영팀 여자들이 탈의실로 나가고 우리도 따라 나왔다.

 좀 전에 나와 대화하던 헬스팀 여자가 그녀들에게 "물에서 놀고 수도꼭지에서도 놀고 대단해요." 했다. 웃으면서 건네는 그녀의 한마디에 수영팀 여자들도 "그러게요"하며 마주 웃었다. 나는 헬스팀 여자를 다시 쳐다보았다. 그녀의 말솜씨가 부러웠다.
 나는 왜 좀더 부드럽고 유머러스하게 지적하는 말을 하지 못할까. 내가 먼저 경직되고 화가 나서 결코 부드러운 말이 나오지 않는다. 잔뜩 정색하고 지적해놓고 종일 혼자 곱씹고 후회한다. 너나 잘하세요 하며 혼자 반성도 다반사다.

 젖은 머리를 말릴 생각도 잊은 채 집으로 오며 더운물을 흘려보낸 여인들에게보다 유연하지 못한 나에게 더 화가 났다. 이제는 나이 들어 상대방에 대한 이해나 배려가 더 좋아져야 할 텐데 혼자 정의로운 척 날을 세우고 사는 내가 걱정스럽다.
 사람들 얘기를 듣다 보면 모두 남들이 잘못해서 속상하다는 말이 많다. 자기가 잘못했다는 사람은 없는 것을 보면 나도 그럴 수 있겠다는 생각이 들었다. 자신에게는 관대하고 남에게는 야박하게 구는 이중적인 잣대가 모두를 서운하게 할 수도 있으니 말이다. 오늘 같은 경우도 그냥 어깨가 아파 더운물로 마사지하려니 하면 되는 것을 도끼 눈으로 보며 날을 세웠으니 내가 우습다. 그때 수도꼭지 밑에서 놀던 여자는 이제 나를 보는 게 껄끄러운지 마주치면 얼른 지나가 버린다. 그런 기피 대상이 되어버린 것이 못내 아쉽긴 하지만 공용의 시설을 그렇게 낭비하는 버릇에는 좋은 마음이 나지 않는다.

식목일의 기억

 화려한 봄햇살을 바라보고 있으려니 예전의 어느 식목일이 생각났다. 고등학교 시절 나는 JRC (Junior Red Cross) 활동을 한 일이 있다. 예전엔 남녀공학이 드믈어서 이성간의 만남이 어려웠다. 그래서 대외활동이 가능한 이와 같은 모임에 참가하는 목적의 일부에는 이성의 만남의 기회로 삼으려는 생각도 없진 않았다. 그날도 JRC 활동의 일환으로 각 학교 대표들이 모여 식목행사를 하기로 된 날이었다. 각 학교에서 몇 명씩 차출 되었지만 뚝섬 선착장에는 꽤 많은 학생들이 모였다. 식목행사 장소는 잠실 어디 쯤이었다. 그 당시 뚝섬에서 잠실로 가려면 통나무를 엮어 만든 뗏목 나룻배를 타야 했다. 1970년 초의 잠실은 나무를 심어야 할 벌판이었는데 어느샌가 고층 아파트와 빌딩 숲이 되었으니 50년의 세월은 참으로 변화무쌍한 시간이다. 뗏목은 한꺼번에 많이 타면 기우뚱거리고 위험해서 나누어 타긴 했지만, 뗏목 가운데로 올라서니 불안했다. 앞뒤로 기-인 작대기 하나만 잡은 사공은 표정도 없이 익숙하게 물길을 헤집어 갔다. 내가 타 보았으면서도 지금 뗏목을 타던 시절의 한강을 상상하기는 어렵다. 4월 초의 강바람은 아직 차가워서 볼이 얼어 왔다. 대부분 여학생은 모처럼의 외부 행사라 겨우 내 입었던 번들거리는 동복을 벗어 던지고 하얀 춘추복을 입고 나왔다. 얇은 블라우스에 감기는 강바람이 몹시도 차가웠지만 춥다는 내색도 못하고 의연하게 수줍은 미소를 짓고 있었지만, 어느새 입술이 떨려왔다. 동복 차림의 남학생들이 처음엔 주저하더니만 자기들끼리 눈짓을 주고받더니 스크럼을 짜듯 뗏목 가장자리로 방패막을 만들고 여학생들에게 가운데에 앉기를 권유했다. 바람 한 점이라도 더 막아주려고 자신들의 몸을 밀착시켜 여학생들에게 아늑한 공간을 만들어 주던 그네들의 모습이 지금도 입가에 미소를 머금게 한다. 개중에는 익살꾼이 있기 마련이어서 그날도 한 남학생이 여드름을 감추기 위해 엄마의 화장품을 바른 모양인데 잔뜩 바른 파운데이션이 차가운 기온에 들떠서 마치 분장한 연극배우 같은 얼굴이 돼버렸다. 그 얼굴을 보고 다들 키득거리기 시작했고 가까운 그의 친구들이 한수 거들어 놀리기 시작했는데도 그 남자아이는 성격 좋게 뭔가 우스운 얘기로 우리를 웃게 했다. 딴엔 여학생들 만난다고 얼마나 여드름을 숨기고 싶었을까? 나룻배에서의 짧은 시간이 같은 팀으로 식목을 하는데 아주 즐거운 한때를 만들어 주었다.

  지금은 성 평등을 주장하며 보호해 주려는 남자들의 생각도 보호 받으려는 여자들의 의식도 희미해져서 그저 개인적인 이기심만 커져 가는것 같은데 예전엔 위험에 먼저 나서고 여자들을 보호해야 한다는 기특한 생각을 가진 귀여운(?) 사나이들이 많았다. 식목일이 되면 4월의 강바람 속에서 피어나던, 아지랑이 같던 청춘들의 설레임이 다시금 생각나곤 한다.

아련한 그리움

 열흘이 넘도록 옆집 현관 앞에 택배 상자가 그대로 있었다. 여행 중인가? 들이친 비에 상자 밑둥이 젖었다. 상자가 커서 어떤 물건인지 궁금해서 들여다보니 상자 위에 글이 쓰여 있었다.
 '휠체어는 임대용이므로 반환 시 상자가 필요하니 상자를 잘 보관하시기 바랍니다' 하는 글귀를 보니 마음이 스산해졌다.
 노부부가 사는 집이다. 날씨가 좋으면 거의 매일 현관문을 열어 두고 사는 집인데 굳게 닫힌 걸 보면 누가 아픈 모양이다. 휠체어가 필요할 정도면 많이 아픈 것 같은데 누구일까?
 저녁 퇴근길에 된장찌개나 생선구이 냄새로 내 위장을 자극하던 집인데 걱정이 되었다.
 지난번 내가 허리 수술을 하고 혼자 들락거리니 옆집 아내가 나에게 아플 때 연락하라고 알려준 전화번호가 있긴 하지만 선뜻 전화를 걸지 못했다.
 다시 며칠이 지나도 그대로인 택배를 보며 그녀에게 문자를 보냈다. 누가 많이 아프신 것 같은데 괜찮은지, 얼른 나으시라고 했더니 괜찮다는 답이 왔다. 그녀가 답을 한 것을 보니 남편이 아픈가 하는 생각이 들었다. 남편도 마르긴 했지만 아파 보이진 않고 아침이면 미화원 복장을 하고 이른 출근을 하곤 했는데 어디가 아픈 것인지 갑자기 휠체어라니….

퇴근하는데 옆집 현관문이 열려 있어서 너무 반가워서 달려갔다. 현관문을 두드리니 그녀가 마른 몸에 더욱 여윈 얼굴로 내다보며 씩 웃었다. '누가 아팠어요?' 하는 내 물음에 그녀는 기운 없는 목소리로 남편이 아파서 그냥 병원에 두고 왔다고 했다가 아주 묻고 왔다며 표정 없는 얼굴로 얘기했다. 듣는 내가 더 황망하여 어찌 대답해야 할지 난감해하니 그녀는 벌써부터 조금 아팠었다며 괜한 걱정하지 말라며 미소를 지었다.

그녀는 다음 날부터 택배 상자도 치우고 복도에 있는 화분에 물도 주고 꽃 이파리를 다듬으며 일상을 평온하게 보냈다. 그녀에게 남편은 어떤 존재였을까?

한평생을 같이 한 사람 중에 누군가 먼저 사라지는 것은 제일 큰 상실이라고 들었다. 나는 살아 있어도 상실을 경험했지만, 부부란 어떤 존재로 남아야 하는지 생각하게 되었다.

며칠 전에도 남편이 췌장암으로 유명을 달리 한 친구가 있어 장례식장에 다녀왔다.

그녀는 결혼을 늦게 해서 아직 결혼하지 않은 20대의 딸만 둘이 있어서 장례식장은 썰렁했다.

그녀는 간호사 출신이어서 남편의 병시중을 직접 집에서 본인이 했노라며 미련이 없다고 했다. 자신이 직접 마지막 가는 길에 할 수 있는 모든 노력을 기울였기에 미안함도 미련도 남지 않았다니 다행이었다. 딸들도 이제 엄마가 조금 편해질 것 같아 좋다는 생각이었다.

사실 그 남편은 살아서도 경제적 활동이 없이 일하는 아내 대신 집안 살림을 했으니 경제적 결핍에 대한 부담이 없어 더 편하게 대할 수 있었을 것이다.

　소리내어 울면서 장례식장을 지키던 후배가 생각났다. 후배의 남편은 혈액암으로 오십 초반에 세상을 떠났다. 그녀는 너무 큰 상실감에 온밤을 서럽게 울면서 보내고 화장장에서는 거의 실신 상태였다. 그러나 그녀는 오래지 않아 다른 사람을 가슴에 담고 잘 살고 있다. 누군가 덤덤하게 살던 부부는 수절할 수 있지만 애절하게 사랑하던 부부는 한쪽이 사라지면 수절이 어렵다고 그 빈 자리의 크기가 메울 수 없어 다른 사랑을 찾게 된다고 했다. 이해도 될 것 같았다. 사람의 빈 자리는 사람만이 채울 수 있음을 안다. 인간에게는 망각이라는 좋은 방편이 있어 오늘도 내일도 잘 살 수 있다고 생각한다. 그러나 너무 빨리 잊어버리는 것은 쓸쓸하다. 어느 부족은 누군가의 죽음에 대해 그 사람을 기억하는 사람이 있는 동안은 죽었다고 인정하지 않는다고 했다. 그 사람을 기억하는 사람들이 모두 사라지면 그때 비로소 죽었다고 생각한다는 것이다.

　사랑으로 만나 헤어지는 순간까지 그 사랑을 이어가지는 못하지만 아름다운 이별을 꿈꾸던 나는 실패했다. 그러나 죽음으로 나뉘는 순간에 상대에 대해 아련함을 가질 수 있으면 좋겠다. 시부모와 친정아버지를 여의었지만 아련함이 없는 나는 내가 잘못되었다고 생각하지 않는다. 오랫동안 병으로 고생시킨 상대에 대해 그리움을 갖기란 어려운 일이다. 그래서 건강하게 살면서 추억을 많이 만들어야 한다. 내가 모두에게 아련한 그리움으로 남을 수 있기를 기대해 본다.

영웅이 된 패잔병

 아버지가 숨을 거두는 순간 6월의 하늘은 눈부셨다.
 병실은 하늘이 바라보이는 밝은 곳에 자리해서 나는 망연히 하늘을 한 번 올려다보며 깊은 숨을 쉬었다. 아침부터 틀어놓았던 태블릿 PC의 독경 소리도 전원이 다 되었는지 꺼져버리고 별님 방이라 이름 지어진 호스피스 병동의 독방은 내 숨소리도 숨을 수 없을 만큼 적막했다.

 아침부터 아버지는 의식이 가물거리며 금방 숨을 거둘 것 같았다. 그래서 앰블런스를 대절해 요양병원에 있던 엄마를 모셔와서 아버지 앞에 앉혔는데 엄마는 너무 마르고 볼품없어진 아버지를 몰라보고 자꾸만 모르는 사람이라고 손사래를 쳤다. 엄마에게 아버지는 거의 우상이어서 세상에서 제일 멋진 남자였다. 그런데 피골이 상접한 모습으로 가늘게 숨을 쉬는 모습이 영 다른 사람 같았나 보다. 치매가 심해진 엄마는 아버지의 예전 모습을 가슴에 안고 사는 것 같다. 그렇게라도 엄마를 만나고 손자들까지 다 다녀간 후 아버지는 독경 소리가 끝나자 아무 고통 없이 숨을 거두었다.

 혼자 임종을 하고 황망하고 몸에 기운이 빠져 다른 아무것도 할 수 없었다. 가까이에서 죽음을 바라보기는 처음이라 무서울 것 같았는데 아버지는 아주 평온하고 아름다운 얼굴이었다. 다시 되돌아온 남동생과 함께 의사의 감정 없이 읽어 내려가는 사망 선고를 듣고, 아버지의 얼굴을 다시 들여다보았다. 이틀 전부터는 진통제도 잘 듣지 않아서 죽여달라고 통증을 호소하던 아버지는 이제 아무런 고통이 없는 얼굴로 눈을 감고 있었다. 아버지는 커피믹스에 설탕을 두 개쯤 더 넣을 정도로 단 것을 많이 좋아해서 당뇨라면 몰라도 담배도 끊은 지 오래인데 폐암이라니 이해가 잘 안 되었다. 소화가 안 되고 배가 아프다 해서 병원에 입원해 검사하니 폐암이 많이 진행된 상태라니 무심한 내가 못내 죄스러웠다. 병원은 수시로 모시고 다녔는데 위 검사만 한 것이 잘못이었다.

장례식장으로 옮겨 가는 앰블런스를 따라가며 내게 남은 아버지를 기억해 보았다.
우수한 성적으로 법대를 졸업하고, 학도병으로 6.25 전쟁에 참전해서 화랑무공훈장도 받았으나 월북한 매형 탓에 번번이 고시에서 낙방하고, 결국은 고시를 포기해야 했다. 기업 입사도 어려웠던 연좌제가 있던 시절의 불운이였다. 생계를 위해 조그만 구멍가게를 열고 흑석동 비탈길을 연탄 지게를 지며 오르내리던 모습이 아프게 남는다. 가끔 먼 곳을 응시하며 내뿜던 담배 연기에 묻어나던 울분을 나는 기억한다. 6식구가 한 방에 살아야 했으나 그 가운데서도 나에게 시를 들려주던 아버지. 동생 셋은 엄마를 닮아 음악을 좋아했고, 나는 아버지의 성향을 닮아 책 읽기와 시를 좋아해서 아버지는 내게 가끔 일본어 시나 한국 근대 시인들의 시를 외워서 들려주곤 했다. 우체국 창문 앞에 와서 너에게 편지를 쓴다는 구절이 좋았던 유치환의 '幸福' 중 「사랑했으므로 행복하였네라」라든가, 서정주. 윤동주의 시들은 아버지에게서 처음 듣게 되었다. 지금까지도 내 기억에 시를 외우던 아버지의 표정이 특히 기억에 남은 시가 있다. 한하운의 시 중에 하나 「소록도 가는 길」의 한 구절이 떠올랐다.

    신을 벗으면
    버드나무 밑에서 지까다비를 벗으면
    발가락이 또 한 개 없다
    앞으로 남은 두 개의 발가락이 잘릴 때 까지
    가도 가도 천리 길 전라도 길

  그 시를 읊을 때 아버지는 특별히 더 슬퍼 보였다. 나중에 알고 보니 그 시인은 높은 학식과 재능에도 불구하고 문둥병이라 일컫는 한센병으로 떠돌며 살아야 했던 운명이었다. 아버지는 연좌제로 자신을 펼칠 수 없었던 심정을 빗대어 애틋하게 생각했을 것 같다. 아버지는 이야기를 맛깔나게 해서 어사 박문수부터 이조 왕실의 비사를 재미있게 들려주곤 했다, 우리는 그런 얘기보다 넓은 방과 좋은 옷을 더 원했고, 아버지는 우리에게 패잔병의 모습으로 살았다. 유일하게 한 번, 남동생과 나를 데리고 남산공원에 간 일이 있는데, 그때 케이블카에서 내려다본 서울의 모습과 기계로 살짝 눌러서 가늘게 찢어져 부드럽던 오징어 맛을 잊을 수가 없다. 오징어를 구울 때면 그때 먹었던 오징어 맛이 혀 밑에서 솟아 나오곤 하지만, 어디에서도 그 맛을 찾을 수가 없다. 그 후로 동생이 둘이나 태어나고 생활이 더 어려워져서 가족 나들이는 엄두도 낼 수가 없었다.

 여행을 좋아하고 사람들과 얘기하기를 좋아하던 아버지. 하지만 60대 중반에 망막색소변성증으로 실명하여 더욱 어두운 세상을 살다 간 아버지. 내가 운전하는 차로 드라이브하는 것을 좋아했는데 지나는 길을 내비게이션처럼 설명해주기를 원하셨다. 나는 귀찮은 마음에 띄엄띄엄 중간만 설명하며 지나버리고 나면 지금 지나는 풍경은 어떠냐 어디쯤이냐 물으며, 당신이 기억하는 예전 모습을 되짚어 떠올리며 상상의 표정에 빠지던 모습이 생각나 송구스럽다. 부모보다는 자식에 더 신경 쓰며 사는 탓에 자식 앞가림에 애쓰다 보니 부모님께 죄송한 마음이 많지만 이제 와 아쉬워한들 어찌하리. 다시 돌아간 대도 그렇게밖에 할 수 없을 것이다. 먹고사는 일이 급급해 부모님과 함께 추억 만들 시간이 많지 않았지만 나름 힘껏 모셨다고 스스로 위안해본다.

 화랑무공훈장을 받아 국가유공자가 된 아버지는 동작동 국립묘지로 가셨다. 생전에 패잔병처럼 살았는데, 대통령 이름이 새겨진 근조기가 오고 관 위에 태극기를 덮으니 영웅이 된 듯 마지막 가는 길이 장엄해서 마음이 편했다. 군인들이 조포를 쏘고 영정과 유골함을 안고 봉안당까지 이동하는 국립묘지에서 거행된 봉안식 모습에 지나간 시절의 억울함이 보상받는 느낌이었다. 영웅도 때를 잘 만나야 하듯이 아버지는 때를 못 만난 탓에 자신의 실력도 펼쳐보지 못하고 억울한 시절을 살았다는 생각에 마음이 아팠다. 충혼 당에 아버지를 두고 돌아오며 아직은 실감 나지 않는 아버지와의 이별이 낯설었다.

이상한 모녀

그녀는 남편이 사고로 일찍 세상을 떠난 뒤 파출부와 행상을 하며 세 딸을 키웠다.

대학은 힘에 부쳐 못 보냈기 때문에 세 딸은 모두 여상을 나와 은행에 취직했고, 남편들도 잘 만나서 잘 살고 있다. 학교급식이 없던 시절이라 도시락 여섯 개를 싸는 일은 쉬운 일이 아니었다. 그래도 아들 못 낳았다고 구박받던 시댁을 벗어나 세 딸과 살던 시절은 그녀에게 행복이었다.

큰딸은 공무원인 남편을 만나 이재에도 밝아 집을 세 채나 가진 부자가 되었다. 다른 두 딸도 중산층의 생활을 하고 있으니 그녀는 성공한 셈이다. 남편과 사별하고 시댁을 나오면서 시아버지는 서울 변두리에 반지하 작은 빌라를 사주었다. 그 빌라에서 20년을 살았고 그곳이 재개발되어 그녀는 평생 처음 깨끗하고 좋은 집을 가지게 되었다. 파출부 월급을 받아 악착같이 저축해서 아파트 분담금을 조금 더 내면 이제 그녀는 완전히 성공한 인생이 된다고 공사 중인 아파트를 바라보며 꿈을 꾸었다. 혼자 고달프게 사는 그녀를 친구도 가끔 업신여기는 것 같아 언짢았는데 아파트 공사가 마무리되는 것을 지켜보며 그녀는 어깨에 힘을 주었다. 이제 그녀 나이도 칠십 중반에 들고 큰딸은 오십이 넘었다.

어느 날 큰딸이 이사하는데 날짜가 안 맞아 이사 비용이 모자란다며 마련해 둔 분담금을 잠시 빌려달라고 했다. 그녀는 분담금 내야 할 날이 다가오는데 걱정이 되었지만, 자식 일이라 거절할 수가 없었다. 은행에 다니는 아이니 어련히 알아서 하겠지 하며 일억오천만 원을 선뜻 내주었다. 분담금 내라는 고지서가 나왔는데 큰딸은 돈이 없다고 했다. 목돈이 안된다고 하여 일곱 번에 나누어 내는 분담금을 딸이 내기로 하고 한숨을 돌렸다. 아파트가 완성되고 그녀는 나비 날개를 단 듯 이제까지 살았던 삶의 껍데기를 벗어버리고 싶었다. 아파트 20층에서 바라보는 낮과 밤은 반지하의 그것과는 아주 달랐다.

 입주해서 행복한 꿈이 깨기도 전에 황당하게 딸이 분담금 내 준 제 돈을 갚으라고 독촉이 시작되었다. 그녀는 딸에게 그 돈은 네가 빌려 간 것이 아니냐고 했지만, 딸은 자기는 엄마에게 돈을 빌린 일이 없다고 딱 잡아떼었다. 딸은 내가 엄마한테 돈을 빌렸다는 근거를 내놓아 보라며 엄마가 그 돈을 벌었다는 증명을 해보라 하는데, 파출부가 월급 명세가 있는 것도 아니고 돈을 모았던 상호신용금고도 재개발로 사라져 어디에서도 돈의 출처를 증명할 수가 없었다. 자식이라 큰돈을 주면서도 영수증 하나 안 받고 건네 준 돈이 쇠망치가 되어 그녀의 가슴을 내리쳤다. 2년을 거주하지 않으면 양도세 비과세가 안 되어 팔 수도 없는 처지였다. 딸은 그녀를 완전 빚쟁이 채근하듯 했다. 그녀는 먹지도 자지도 못하고 20층 창문에서 뛰어내려 버릴까 몇 번을 망설이기도 했다. 이 억울한 인생, 자식마저 등 돌린 이 세상을 더는 살고 싶은 생각이 없었다.

다른 두 딸이 걱정도 되어 마음을 다져가며 등기가 완료되면 팔기라도 하자며 때를 기다렸다. 등기가 완료되어 등기부 열람을 하니 큰딸이 자신의 채권을 내세워 가압류를 해 놓은 것을 발견했다. 등기부를 들고 큰딸을 찾아갔지만 자기 변호사와 얘기하라며 매몰차게 돌아서는 딸의 등을 바라보며, 지난 시절 파출부로 키운 시간이 눈앞을 가로막았다.

엄마가 돈을 어떻게 모아서 나에게 빌려줬는지 내용증명을 만들어 오라는 딸의 유식한 반격에 그녀는 맥 풀린 다리로 돌아서야 했다.

도대체 큰딸은 그녀에게 왜 그럴까? 큰딸은 두 남매를 두었고 다시 늦둥이로 아들을 하나 낳았는데 지적장애아였다. 그 늦둥이 아들에게 아주 많은 돈을 들이고 있었다. 그 아들이 장애아임을 알았을 때 그녀는 큰딸에게 남매가 있는데 뭐 하러 또 애를 가졌냐며 미리 검사하면 요즘엔 다 알아서 장애아는 수술도 하던데 낳았느냐고 말한 일이 있다.

그녀가 무심코 내뱉은 말이 딸에게 비수가 되었겠다 싶었다. 아들 못 낳은 그녀에게 나중에 네 눈에 피눈물 날 일이 있을 거라던 시어머니 말이 아직 그녀 가슴에 있듯이 큰딸의 가슴에도 걱정 반 책망 반으로 내뱉은 그녀의 말이 가시로 박혔을 수도 있다. 그녀의 말대로라면 그녀는 남자에게 곁눈질 한 번 안 하고 자식만 바라보고 살았다. 그런 엄마가 마른 북어 같은 몸을 끌고 다니며 압류해제를 해주면 집 팔아 갚아주겠다고 사정을 해도 36장에 달하는 고소장을 보낸다는 것은 너무 가혹한 일이라는 생각이 들었다.

가압류가 있어도 매매가 가능하냐며 물어보러 온 그녀가

털어놓는 얘기를 들으며 가슴이 아팠다. 그녀의 금방 쓰러질 듯한 체구가 안쓰러웠다. 자식은 빚 받으러 온 인연이라던 어떤 스님의 설법이 생각났다. 빚 갚으러 온 놈은 효자로 살고, 빚 받으러 온 놈은 불효자일 테니 모두 자신의 업이라 여기고 달게 받으라는 말씀이었다.

  그녀 얘기만으로 큰딸의 처사를 탓하기는 어렵지만 그래도 상식선에서 15억에 달하는 집이 있는데 엄마가 어디 도망갈 것도 아니고 결국은 다 자식 몫이 될 텐데 너무한 처사라는 생각도 들었다. 하지만 송사는 한쪽 말만으로 단정 지을 수는 없는 일이라 그녀에게 딸이 시킨 대로 변호사에게 하고 싶은 얘기 다 해보고 해결해 보라하고 보냈다. 매매 잔금 납부 시에 변호사의 압류해제 확인서에 협조한다는 문서가 있어야 매매 가능하다고 의논해 보고 오시라 했다. 부모는 자식에게 어떤 존재여야 할까 하고 한참이나 생각에 잠겨 돌아가는 그녀의 등을 바라보았다.

제자리

 현관문을 열자 곰팡이 냄새가 확 얼굴을 덮쳤다. 여름인데도 오래 비워 둔 집에서 느껴지는 냉기가 손 등으로 흘렀다. 그녀는 혼자 살았나 보다.
 주방 싱크대 위에는 뚜껑이 열린 식용유가 하얀 더께를 쓰고 있었다. 냉장고에는 볼품없어 보이는 음식 재료가 썩어 악취를 더했다. 작은 방에는 종이박스에 담긴 풀지 않은 짐과 쓰지 않고 방치된 가전제품이 놓여 있었다. 반쯤 문짝이 열린 자개장롱 속에는 낡은 이불이 보였다.
 자개장롱은 아직 영롱한 빛을 내고 있었지만 만지고 싶지 않았다. 거실에 걸린 커다란 액자에 담긴 바다 풍경이 집을 더 휑하게 만들었다.

 매물로 나온 집을 둘러보러 갔는데, 그 집에 혼자 살던 여인은 사망해서 아들이 상속한 상태였다. 외국에서 일시 귀국한 아들과 같이 둘러보며 짐을 미리 치우지 않으면 아무도 사려고 하지 않을 거라고 말해 주었다. 일단 죽음의 그림자를 치워야 했다. 어느 집이든 사람이 태어나고 죽겠지만 죽음의 그림자는 아무도 마주치고 싶어 하지 않는다.
 중고 가전 취급자를 불러 쓸만한 것들을 실어 보내고, 나머지는 폐기물 업자에게 인계하는데 100만 원의 처리비용이 들었다. 물건은 제자리에 있으면서 제 용도대로 쓰여야

가치가 있는 것인데 주인을 잃고 사용되지 못하니 순식간에 폐기물이 되어버렸다.

 아들은 100만 원이나 되느냐고 툴툴거렸지만, 나는 그녀의 손때가 묻은 물건들이 겨우 100만 원의 꼬리표를 달고 사라지는 것이 서글펐다.

 빛이 사라지지 않도록 아침저녁으로 닦으며 자개장을 들여 놓았던 날의 기쁨을 돌아보았을 그녀의 모습이 떠올랐다. 바다 풍경을 바라보며 자주 가지 못하는 바다에 대한 그리움을 가라앉혔을 커다란 액자가, 혼자 거실을 지키며 내다보았을 하늘을 더욱 높아 보이게 했다.

 짐을 다 처리하고 열쇠를 건네주고 아들은 총총히 사라졌다. 잘 팔아달라는 말만 남기고.

 가슴으로 휑하게 부는 바람을 안고 집으로 돌아와 내 공간을 돌아보았다.

 9년 전 엄마가 요양병원으로 가고 아버지는 동생네로 가게 되어 엄마의 살림살이를 정리하며 아버지가 흘리던 눈물이 생각났다. 엄마가 오랫동안 벼르다가 나와 함께 며칠을 돌아다니며 고른 소파는 내가 가져가기를 원했지만, 작은 집에 어울리지 않는다고 그냥 중고로 파시라 했던 일이 아버지를 더 아프게 했을 것이다. 엄마는 치매가 심해 이런저런 감정 없이 살고 있어서 오히려 다행이다.

 얼마 전 친구가 자기는 짐 정리를 했노라며 살아가는 데 꼭 필요한 것만 남기고 다 치우고 나니 공간도 생기고 마음이 편해졌다고 했다. 앨범에 쌓인 사진들도 자기가 죽으면 누가 보겠느냐며 다 태워버렸다고 했다. 아이들이 나중에 그런 거 정리하는 것도 큰일일 것이라고.

　하기야 요즘 핸드폰에 저장된 사진 빼고는 앨범을 열어 들여다 볼 일이 없다. 예전의 추억에 젖을 만큼 한가한 시간은 없지만 그 속에 담긴 이야기들을 버리기에는 아직 아쉬움이 있다.

　오늘 폐기물 업자의 짐 정리를 도와주면서 나도 친구처럼 미리미리 주변 짐 정리를 해야겠다는 생각을 했다. 내 손으로 정리하면 그것들을 조금은 덜 아프게 보낼 수 있을 것이다. 집 안을 다시 한 바퀴 돌아보며 어떤 것부터 정리하면 좋을까 이것저것 골라보려고 했지만 내게는 아직 다 쓰임이 있을 것 같아 주저앉았다. 지금 버릴 수 있는 것은 이십 년이 지난 옷이나 머플러 그런 것들인데 아직 한 번씩이라도 입을 수 있으니 옷을 좋아하는 나로서는 버리기 쉽지 않다. 십 년만 더 생각해 보자며 장롱 문을 닫았다.

　갑자기 고장 난 냉장고 부품이 없어, 아들과 가전제품 상가를 뒤져 제일 저렴한 것으로 산 이십 년이 넘은 냉장고. 딸이 첫 월급으로 사준 김치 냉장고. 사십이 넘은 아이들이 초등학교 들어갈 때 들여놨던 책꽂이. 그것들이 내게 들려주는 얘기들을 들으며 외출복도 갈아입지 못하고 의자에 걸터앉았다. 제자리에 놓인 물건들은 생명을 잃지 않고 제 나름의 역할에 충실해 있다.

　내가 제자리를 지키며 잘 살면 내 물건들도 제 역할을 하며 쓰일 테니 앞으로 십 년이라도 건강하게 열정적으로 내 자리를 지키며 살아야겠다며 깊게 숨 한 번 들이쉬었다.

죽은 놈 없지

 사무실에 불만 켜놓은 채 친구들을 만나러 가는 발걸음이 가벼웠다. 오늘 모임은 흑석동에서 어린 시절을 같이 보낸 초등학교 친구들이 코로나 팬데믹의 방해로 2년 반 만에 만나는 날이다. 은로초등학교는 1906년 구한말 내무대신이던 유길준이 세운 학교로 110년이 지난 유서 깊은 학교다. 우리는 베이비붐 시대에 태어나 가난했던 60년대를 콩나물시루 같은 교실에서, 반찬이라곤 김치뿐인 도시락을 석탄 난로에 데우며 시큼한 김치 냄새를 같이 맡고 자란 코흘리개 친구들이다. 지금은 에어컨이 빵빵한 교실에 20여 명도 과밀학급이라고 하던데, 그 시절엔 선풍기 하나도 없는 교실에 70명 가까운 아이들이 부대끼면서도 뭐가 그리 즐거웠는지 키득거리며 불평 한마디 없던 시절이었다. 운동장에서 여자아이들의 고무줄놀이를 방해하며, 고무줄을 끊고 도망가던 남자아이들은 이제 그만 또래의 손자를 둔 할아버지가 되었다. 그때 눈물 흘리던 여자아이들은 할아버지가 된 남자친구들의 재미있는 너스레에 그날의 분함(?)을 용서했다. 오히려 이제는 여자친구들의 억센 말투에 남자아이들이 주눅 드는 세월이 되었다.

 우리가 모두 결핍을 안고 살던 시절, 물론 그 시절에도 부자들이 없던 것은 아니지만 다 같이 결핍을 견디는 것에 별

다른 불만이 없이 희망을 안고 살았다. 아이들에게 부자와 가난의 차이는 도시락 반찬에 계란 프라이나 소시지 정도가 보태지는 차이쯤으로 가늠되었다.

개중에는 가난을 드러내는 것을 부끄러워하는 내성적인 아이들도 있었다. 하지만 대개는 결핍이 거의 같은 수준에 있었기에 아파트 평수를 따지며 친구를 가르는 요즘 아이들과 달리 그것이 아이들 우정에 큰 걸림돌이 되지는 않았다. 그렇게 결핍의 시대를 같이 견딘 친구들이기에 지금도 우리는 자신의 부를 드러내며 자랑하고자 하는 친구는 모임에 남아 있지 않다. 누구든 자신의 잘남을 드러내지 않는 것이 우리 모임이 장수할 수 있는 가장 큰 이유인 것이다. 또한, 남자 친구들은 직함으로 대별되던 이름을 버리고 자신의 이름으로 불리며, 여자친구들 역시 누구 엄마나 아내를 떠나 오롯이 자신의 이름으로 불리울 수 있는 자리가 주는 매력이 있다. 남녀구분 없이 나이 들어 영희야 철수야 부를 수 있는 장소는 여기 말고는 없을 것이다.

중학교 진학시험을 치렀던 우리는 어린 시절에 공부로, 학교로 차별도 받았지만, 이제는 다 지난 일이다. 별 셋으로 예편한 장군이나, 무궁화 셋으로 예편한 대령이나, 작대기 세 개로 제대한 장병이 한자리에 앉아 술잔을 기울인다. 교장 선생님으로 정년을 넘긴 친구도, 막노동으로 살아온 친구도 격의 없이 만나면 샛강에서 벌거숭이로 물장구치던 어린 시절로 돌아간다. 그래서 모임이 있는 날이면 각자의 생업을 접고, 전국 각지에서 오로지 한 가지 생각으로 달려오는 것이다. 자신이 농사지은 쌀로 떡을 만들어 무거움도 잊은 채

가져오는 친구의 마음을 알기에 떡 한 조각을 씹으며 우리는 행복해질 수 있다. 오늘도 30여 명이 모여 어디에서도 가지기 힘든 편안함을 느꼈다. 한 친구의 말처럼 우리 나이에는 새로운 만남을 만들기에는 어색하고 힘들다. 그래서 지나온 시절의 추억을 공유한 사람들이 편하고, 더군다나 어린 시절을 함께한 지금의 이 친구들이 무엇보다 소중하다.

 두 줄짜리 진주 목걸이와 때 이른 밀짚모자로 치장하고 나온 여자친구에게 예쁘다는 찬사를 보내며 즐거운 곳, 남녀의 구별 없이 반가움에 허그가 가능한 곳, 그렇게 이 모임은 모두를 편안하게 안아준다. "2년 반 동안 아무도 죽은 놈 없지?" 하며 소리지르는 한 친구의 소리에 박수로 화답하며 우리는 그렇게 늙어간다. 정말 그동안 암과 투병하면서 잘 견뎌준 친구에게 마음 속 깊은 애정으로 감사를 보냈다. 이제 자신의 건강을 돌보며 사는 것에 전념할 것을 서로 권하며 한 사람씩 하던 일을 그만두게 되는 나이가 되었다. 잘 먹을 수 있을 때 먹고 잘 걸을 수 있을 때 여행도 가고 우리는 그런 약속을 하면서 즐겁다. 백세를 살다 가신 친구 아버님이 같이 놀아 줄 친구가 없는 것이 가장 아쉬웠다고 했지만, 우리에겐 여기 이 친구들이 있어 절대 외롭지 않은 노년이 되리라고 믿는다. 이곳에서 만나 사랑을 이어가는 한 커플에게 한 놈은 전립선암이고 한 놈은 허리가 아프니 안됐다며 슬픈 얘기를 농담처럼 던지지만 진정한 위로의 마음을 알기에 서로 바라보며 박장대소할 수 있는 만남이다.

 이번 모임을 자신이 운영하는 식당에서 하게 된 친구는 두

톰한 회를 서비스로 내오며 마냥 즐거워했다. 그런 마음이 하나하나 모여 우리의 시간을 풍요롭게 하고 아쉬움으로 헤어지게 하는 것이다. 친구들과 건강하게 오래 볼 수 있기를 다짐해 보며, 서울 야경을 별처럼 안고 돌아온 행복한 날이다.

질주

그녀는 서울 톨게이트를 통과하며 깊게 숨을 들이마셨다. 잠시 이 도시를 떠나며 자신을 둘러싼 모든 것과의 단절을 기대해 본다. 누구나 한 번쯤 혼자만의 여행을 꿈꾼다. 그녀 역시 혼자 떠나는 여행을 계획하고는 했지만 엄마의 자리, 아내의 자리, 자기 일을 떠나지 못해 실행에 옮기지 못하곤 했는데 오늘 모든 것을 잊고 오로지 자신만을 위한 시간을 가지려 한다. 아이들에게 잠시 지방에 다녀올 일이 생겼다는 전화를 남기고 무조건 서울 톨게이트를 향해 달려온 것이다. 그녀는 고속도로의 끝을 향해 가보리라는 한가지 생각뿐이었다. 그렇게라도 하지 않으면 머릿속이 터져버릴 것 같았다.

6월의 햇볕은 에어컨을 틀어놓은 차 안에서도 뜨겁다. 새색시의 치마저고리 같던 진달래 개나리의 꽃잎이 사라진 자리에 초록의 잎사귀가 자라나고 있었다. 봄꽃은 무에 그리 급해서 잎이 달리기도 전에 꽃이 먼저 나오는지 신기했다. 목련도 하얗게 흐드러진 꽃들이 먼저 피었다 진 자리에 멍울처럼 초록이 생겨난다. 바람에 휘청거리던 버들가지의 하늘거림도 멈추어 이제 진한 초록이 무성한 거리는 너무도 빽빽하게 들어차서 바람마저도 숨쉬기 힘들어 멈추어 버린 듯하다.

그녀는 5월의 바람에 몸을 맡기고 걷는 것을 좋아한다. 5월은 씨앗이 제 짝을 찾아 날아갈 수 있도록 하기 위해서인지 바람이 많이 분다. 그 바람의 냄새를 맡으며 걸을 때면 자신의 몸 안에서 일어나는 어떤 꿈틀거림에 놀라곤 한다. 그리움이랄까 욕망이랄까, 뭔가 잡히지 않는 느낌들이 그녀를 희롱하고 밤을 새우게 했다. 자신이 버티고 선 자리에서 도망치고 싶은 그런 5월을 견뎌내고 이제 길을 나선 것이다.

고속도로는 주말이 아닌데도 나들이 차들이 가득했다. 봄이면 봄나들이, 여름이면 피서, 가을이면 단풍 구경, 겨울엔 눈 구경에 온천을 누비며 우리네들은 참 열정적으로 사는 모습이다. 그 대열에서 빠지면 우울해지고 사는 게 시들해서 살 맛이 안 나는 사람들인 양 모두 거리로 나서고 있다. 그녀는 에어컨을 끄고 창을 내렸다. 왼손을 하늘 높이 처들어 바람을 맞는다.

음악을 크게 틀고 오픈카를 모는 젊은 아이들처럼 흔들거리며 노래를 따라 불렀다.

그녀가 이렇게 크게 노래를 따라 부르는 것은 흔한 일이 아니지만, 가끔 가슴이 답답할 때면 차 안에서 음악을 크게 틀어놓고 자유로를 달리며 소리를 질러대곤 했다. 조수미가 부른 〈나 가거든〉은 그녀가 자유로를 달릴 때 주로 듣던 곡이다. 오늘 그녀는 좀더 먼 길을 나서면서 이제까지와는 다른 자신이 되고 싶었다.

약간은 고지식하고 자신에게 엄격하며 두 아이의 엄마로 모범이 되어 살아야 했던 시간에 지쳐 있었다. 남들에게 자신의 사는 모습을 들키지 않으려는 노력 때문에 아무도 그녀의 척박한 생활을 볼 수 없어서 주변엔 항상 미소를 잃지 않는 우아한 여자로 알려져 있다. 그녀는 자신이 얼마나 포장술이 대단한가? 스스로 감탄할 때도 있다. 그녀는 다가오는 사람들에게 어느 선 이상은 자신의 이야기를 하지 않으려고 한다. 그녀는 그것도 일종의 살아가는 방식이라고 자신을 대견해 하기도 한다. 하지만 밥을 먹다가 음식을 입에 담고 멍하게 밖을 바라보기도 하고, 상대방과 대화 중에도 가끔 딴 생각에 젖어 영혼이 멀리 가 있는 느낌일 때가 있어서 상대방을 당황하게 하는 경우가 있다.

그녀는 너무도 열정적으로 한 사람을 사랑했고, 세상의 모든 반대를 물리치고 기다린 끝에 그 사람과 결혼했다. 그녀는 섬세하고 여린 그 사람이 세상의 잣대로 평가되는 것이 가슴 아팠다. 자신이 아니면 세상 어디에도 그와 살아 줄 사람이 없을 것이라는 착각으로 살았다.

그래서 그녀는 그와의 사랑을 반대하던 모든 사람에게 잘 살아 보여 주겠다는 오기도 가져 보았다. 그런 오만의 대가인지는 모르지만, 목숨처럼 여기던 그 사람과 떨어져 산 지 20년이 되었다. 건강이 좋지 않아져서 공기 좋은 나라에 잠시 머물러 갔다가 돌아오지 않는 남편을 기다리며 생활을 책임지고 살고 있다. 일주일에 한 번쯤의 통화와 일 년에 세 번쯤의 만남을 거듭하며 지내 온 시간이었다. 그녀의 남편은 그 나라에서 안정을 찾은 듯하지만 그녀에게 다른 희망을 안겨주진 못했다. 그래도 그녀는 남편이 죽음의 고비를 넘기고 아이들 아빠로 살아 있음에 감사하며 언젠가 금의환향하기를 기다렸다.

아빠가 떠날 때 초등학생이던 아이들은 이제 대학을 졸업하여 제 직장을 찾았으며 제 몫을 다하는 성인이 되었다. 그녀는 아이들이 공부를 끝내고 취직을 하게 되면 자신의 생활이 좀 나아지리라고 생각하며 이를 악물고 살았다. 하지만 예전의 자식들처럼 월급봉투를 부모에게 가져다 주는 그런 시대가 아니었다. 학비로 지불한 돈은 그대로 그녀에게 빚이 되어 남았고 이제 그녀는 빚을 갚을 수 있는 희망이 멀어졌다.

비가 온다더니 하늘은 물빛으로 너무 맑아 눈이 부시다. 엑셀레이터에 힘을 주며 계기판의 화살표를 응시한다. 140을 지나 올라가는 속도에 잠시 발에서 힘을 뺀다. 서울 시내에서는 도저히 상상할 수 없는 속도로 달리고 있지만, 속도감이 안 느껴진다. 어디로 갈까? 그녀는 숨막히는 시간을 잊어버리려고 나섰지만, 딱히 갈 곳이 없다. 자유로움을 찾아 나선 길이지만 막상 자유로워지니 덜컥 겁도 난다. 전국의 고속도로를 따라 돌아보리라던 생각이 무모하게 느껴지기도 한다.

땅끝 마을에 갔던 예전이 생각났다.
아이들이 어렸을 때. 서울 보신각에서 제야의 종소리를 듣고 출발해서 해남의 땅끝마을에 간 일이 있다. 거기에서 일출을 보고 새해를 시작하며 새로운 각오를 다지던 때가 있었다
남편은 그녀를 사랑했고 아이들은 너무 귀여운 시절이었다. 바다 내음이 풋풋하던 완도의 아름다운 길을 달리며 그녀는 행복했다. 그때처럼 거기서부터 다시 시작해 볼까. 생각에서 빠져나오며 휴게소 팻말을 보았다. 휴게소에 들러 모

르는 사람들 속에서 아무 걱정 없는 도도한 자세로 걸어보고, 휴게소 의자에 앉아 방탕한 자세로 커피 한 잔을 마시며 사람들을 구경했다. 세상에서 제일 싫증 안 나고 재미있는 것이 사람 구경이라던 친정엄마의 말이 생각났다. 사람들은 저마다의 모습을 가지고 형형색색의 옷 색깔만큼 다른 모습이었다

여자들은 남자의 팔에 매달려 오랜만의 나들이에 즐거워하고, 남자들은 마치 그들이 베푸는 향연이 최고의 것인 양 으스대며 아이들에게 아이스크림을 안겨주기도 했다.

팔짱 끼려는 여자의 손을 살며시 밀어내는 남자의 익숙한 저지에도 여자는 핑크색 입술을 오므리며 해해거린다. 사랑이 오래도록 그들에게 남아주기를 빌었다.

그녀는 그들을 모형 세상의 인형들 같다고 여기며 아무 소리도 들을 수 없는 농아처럼 바라보았다. 소리를 배제한 표정엔 진실이 보인다. 가족을 바라보는 모습에서 귀찮음이 보이기도 하고 정말 사랑스러운 표정 또한 읽을 수 있었다.

소리의 장벽에 가려진 진실들이 많음을 알 수 있었다. 말하지 않아도 서로의 진실을 읽을 수 있는 사람이 그리워졌다. 그녀가 달리는 길 위에는 또 어떤 모습의 인생이 남아 있을까?

카톡도 좋지만

카톡 카톡 하고 울리는 소리에 잠이 깼다.
소리로 알림이 뜨는 것을 들으니 자주 드나드는 단톡방은 아니다. 매일 열어봐야 하는 대화방은 모두 묵음으로 해 두어 아침에 열어보면 빨간 별들이 주르륵 쏟아질 듯 걸려 있다. 아침 6시가 조금 넘어 창문엔 어둠이 남아 있었다. 무슨 중요한 내용일까 열어보니 〈네 인생을 소중히 여기라〉는 말씀이다. 나에게 이 글을 보낸 이는 어디선가 날아온 글을 이 새벽 시간에 자신이 기억하는 몇몇 사람에게 퍼 나르는 중일 것이다.

요즈음 카톡의 글을 읽다 보면 어쩜 그리도 달관의 경지에 이른 철학자나 수필가가 많은지, 수필가로 등단한 나로서도 감히 명함도 내밀기 어렵다. 주옥 같은 글귀들이 즐비하고, 건강에 대한 정보 역시 넘쳐 나서 도인의 경지에 오른 그네들의 글에 한숨이 쉬어지기도 한다.
이 글을 처음 작성한 명문가는 누구일까 궁금하기도 하지만 대개는 두어 줄 읽다가 덮어버리곤 한다. 옛말에 좋은 꽃노래도 한두 번이라 했던가. 아무리 좋은 글이라지만 영혼이 느껴지지 않는 그런 글이 여기저기서 쏟아져 들어오는 것에 내 뇌는 이미 아무 반응이 없다.

코로나가 발생하고 처음 문자로 현황을 알려 주는 재난문자가 오기 시작했을 때, 핸드폰으로 전해지는 발생 인원과 사람들의 이동 경로에, 지도까지 그려가며 다른 것은 잊은 듯 행동했다. 코로나 초기에는 환자 발생자 숫자를 세며 어느 지역에서 발생했는지 몇 명이 사망했는지 매일 핸드폰을 들여다보며 걱정도 했다. 그러나 해가 바뀌고 사태가 길어지면서 제대로 읽어보기도 전에 핸드폰 화면을 가리고 있는 재난문자를 지워 버렸다. 요즘에는 가끔 실종자를 찾는 문자가 뜨지만 별 관심을 가지지 않는다. 이러다가 정말 필요한 재난 상황을 지나치게 될까 봐 걱정스럽기도 하다. 이렇듯 좋은 글이던 재난 상황이던 같은 종류의 문자에 익숙하게 되면 관심이 무뎌진다.

　하지만 스마트 폰은 이제 우리 생활에 없어서는 안 될 물건이 되었다. 핸드폰이 없으면 아무것도 할 수 없는 사람들이 되어간다. 누구나 한 대씩 손에 들고 아침을 열고 저녁을 맞는다. 집 전화로 걸어서 친구를 바꾸어 달라던 시절에, 행여 친구 부모님이 받을까 조마조마하던 생각이 난다. 이제는 자신의 전화기와 함께 우리는 개인적으로 변해 가고 있다. 다른 사람의 전화기가 울리든 말든 내 것이 아니면 관심도 없다.
　초등학교 아이들조차 한 대씩 들고 다니니 이제 전화가 없어 약속장소에서 서너 시간쯤 출입문을 바라보며 기다리는 일은 아무도 하지 않는다.
　스마트 폰으로 혼자 노는 것에 익숙해진 우리는 눈동자를 바라보며 하는 대화를 어색해 하며 가족끼리 거실에 앉아서도 각자의 핸드폰에 눈길을 가두고 있다. 금방 써 보낸 문자에 답이 달리기를 기다리며 들여다보고 답이 없으면 '어, 씹네.' 하며 상대방을 채근한다.

우리나라는 삼성에서 1998년 처음 핸드폰을 출시했지만, 너무 무거워 냉장고 폰이라는 별명이 있을 정도였다. 하지만 이후 30년 동안 핸드폰은 광속으로 발전해서 가볍고 성능이 우수한 컴퓨터가 되었다. 컴퓨터 한 대씩을 가지고 다니면서 무에 그리 할 일이 많은지 사람들은 고개를 들 여가가 없어 보인다. 예전에는 전철을 타면 건너편에 앉은 사람과 시선이 부딪쳐서 불편했는데 이제 그런 걱정 할 필요가 없다. 사람들은 저마다의 전화에 매달려 삼매경이라 타인의 시선 따위는 아랑곳없다. 스마트 폰은 전화의 기능만은 아니지만, 처음에 우리는 전화를 들고 다닌다는 편리성으로 이용하게 되었다.

70년대 초반에는 전화가 있는 집이 드물었다. 주인집에 있는 전화번호를 적어두었다가 정말 급하거나 긴한 일이 있을 때 전해달라는 용도로만 쓰기도 했다.
시외전화는 우체국에 가서 신청하고 번호표를 받고 기다리면, 공중전화부스만 한 나무통으로 들어가 교환원이 걸어주는 전화를 받아야 했다. 초록색이던가 뭉뚝하게 생긴 전화기 한 대만 있는 나무통 속은 어두컴컴해서 약간은 을씨년스럽기도 했다.
백수로 용돈을 타 쓰던 시절, 전화 요금도 만만치 않아 벼르고 벼르다가 대전에서 일하는 남자친구에게 전화를 신청해

놓고 기다렸다. 전화기 너머에서 들려 올 반가운 목소리를 기다리는데 직장 동료가 받아 지금 다른 장소에서 일하느라 전화를 바꾸어 줄 수 없다는 말만 듣고 전화기를 내려놓아야 했을 때는 나무통 속은 더욱 암흑천지가 되었다.

그래서 주로 손편지를 썼다. 밤을 새워가며 흔들리는 글씨로 써 내려간 편지를 들고 우체국 계단을 오르며, 〈난 오늘도 우체국 창문 앞에 와서 너에게 편지를 쓴다〉는 시구를 중얼거리면 우리 같은 연인이 앞서 있었다는 동질감에 위로가 되었다. 우표에 침 발라 봉투에 붙이고 꾹꾹 누르고 행여 우표가 떨어질세라 다시 한번 눌렀다. 빨간 우체통 안으로 떨어지는 둔탁한 소리에 심장도 같이 울려 잠시 그 자리에 멈추어 서곤 했다.

오늘은 가을날의 풍경을 담은 손편지 한 장 써보고 싶다. 거리는 마른 잎사귀들이 바람에 날리며 마음을 흔든다. 보고 싶은 사람이 많아지는 계절이다. 한적한 길모퉁이에서 갑자기 가슴이 아려 오는 기억을 더듬게 된다. 예전의 어떤 날처럼 우표를 사서 봉투에 붙이며 그 사람의 안위를 걱정하고, 답장이 다시 나에게 돌아올 일주일을 기다림으로 채우고 싶다.

카톡으로 안부를 물어주는 이들도 고맙지만, 체온이 느껴지는 글을 읽으며 지친 일상을 달래고 싶은 시간이다.

결혼식 축사

안녕하십니까?

먼저 제 아들 내외의 결혼식에 귀한 시간을 내어주신 모든 분들께 감사드립니다.

여러분이 내어주신 귀한 시간은 우리 아이들에게 축복의 열매로 남을 것입니다.

지금 저는 먼저 결혼해 살아 본 선배로
아들을 가장 가까이에서 지켜 본 엄마로
우리 아이들이 누구보다 행복한 가정을 만들어 가기를 기원하며 축하와 걱정을 담아 한마디 하려고 이 자리에 섰습니다.

아들 우진 그리고 며느리 수연아,
이제 이 아름다운 계절에 너희들이 새로운 삶을 시작하게 된 것을 축하한다.
열매가 익어가는 계절에 시작하는 삶이니 만큼 항상 풍족할 것 같으네.
결혼생활을 시작하면서 엄마가 걱정하는 몇 가지를 새겨주었으면 한다.
물론 살아가면서 새겨야 할 것들이 무수히 많지만 가장 기본적인 것이라고 생각하는 몇 가지만 얘기하려고 한다.

제일 먼저, 건강을 지켜야 한다.

건강하지 못한 몸이 얼마나 가정을 힘들게 하는지 너희들은 몸소 겪었으니 더 이상 설명이 필요없겠지만 서로 상대방이 챙겨주기를 기다리지 말고 자신의 건강은 자신이 우선적으로 돌보기 바란다.

몸이 약해지면 서운한 마음도 많이 생기고 그러면 사랑할 마음도 약해지게 되는 것이다.

둘째, 역할에 충실하라고 하고 싶다.

현대가 아무리 남녀 역할의 차이가 무너지고 있다지만 남편은 가정에 경제적 안정과 외부로부터 가족을 지키는 바람막이가 되어야 하고 아내는 육아와 가사를 책임져야하는 본연의 역할을 기억하기 바란다.

서로가 도와가면서 살 수는 있지만 돈 버는 아내에 기대어 나태하고 책임감없는 남편이 되거나 가사를 도와주는 남편을 당연시 하는 아내가 되면 곤란해지는 날이 올 것이다.

남편은 언제든 아내의 든든한 바람막이가 되어주어야 한다.

아내는 그 안에서 남편을 존경하고 신뢰하게 되는 것이란다.

셋째, 양보하며 살아야 한다.

사랑하는 사람들의 최상의 목표는 결혼하는 것이지만 결혼은 사랑만으로 이루어 갈 수 없는 현실이고 사랑이란 노력없이도 이어져 가는 단단한 감정은 아니다.

30여 년 다른 공간과 환경에서 살아온 사람들이 한 공간을 쓰는 날부터 부단히 양보하며 서로의 시선을 마주하지 않으면 함께 눈 뜨는 아침을 고대하던 그 절절한 사랑은 무지

개처럼 사라져 버릴 지도 모른다.
 하지만 어느 한 사람의 양보만을 요구한다면 그건 안될 일이다.
 부부는 서로 마주보는 것보다 같은 곳을 바라보며 손잡고 갈 수 있을 때 가장 좋은 관계를 유지할 수 있다고 누군가 그러더구나.

 하고 싶은 말은 많지만 이 좋은 밤이 지루해질까 봐 마지막으로 한 가지만 더 얘기하면 결혼은 둘만의 시작이 아니라 많은 가족을 새로 만난다는 것을 기억해야 한다.
 서로에게 얽혀 있는 가족을 내 가족으로 받아들여야 한다는 것에서 간혹 어려움이 없지는 않지만 예전처럼 대가족이 모여사는 것은 아니니 새로 얻은 가족들도 가끔 돌아보며 살기 바란다.
 작은 것에 감사하며 상대에 대한 연민의 마음을 간직한다면 누구보다 행복한 가정을 만들 수 있으리라 생각한다.

 엄마에게 자랑이 되어 주었던 내 아들.
 이제는 아내에게 존경 받는 좋은 남편이 되기 바라며
 사랑해.
 그리고 수연아,
 별로 좋지 못한 조건에도 불구하고 우진이의 장래를 믿고 우리에게 와 주어서 너무 고마워.
 지금처럼 예쁜마음을 오래 오래 지키며 살자꾸나.

 아들의 결혼을 축하하며 엄마가 시월의 밤에.